I0876447

MAÎTRE ECKHART EN QUESTIONS

DANS LA MÊME COLLECTION

ASHWORTH E. J., *Les théories de l'analogie du* XIIe *au* XVIe *siècle*, 2008

BIANCHI L., *Pour une histoire de la "double vérité"*, 2008

FLASCH K., *D'Averroès à Maître Eckhart Les sources « arabes » de la mystique allemande*, 2008

IMBACH R. et C. KÖNIG-PRALONG, *Le défi laïque. Existe-t-il une philosophie de laïcs au Moyen Âge ?*, 2013

KÖNIG-PRALONG C., *Médiévisme philosophique et raison moderne. De Pierre Bayle à Ernest Renan*, 2016

MARENBON J., *Le temps, l'éternité et la prescience de Boèce à Thomas d'Aquin*, 2005

PERLER D., *Théories de l'intentionnalité au Moyen Âge*, 2003

RUBIO J. E., *Raymond Lulle, le langage et la raison. Une introduction à la genèse de l'ars*, 2017

SCHABEL C., *Pierre Ceffonds et le déterminisme radical au temps de la peste noire*, 2020

CONFÉRENCES PIERRE ABÉLARD
Fondateur : Ruedi IMBACH
Directeurs : I. ROSIER-CATACH, P. PORRO et J. SCHMUTZ

MAÎTRE ECKHART EN QUESTIONS

QUESTIONS ET RÉPONSES « ALLEMANDES » DES « DISCOURS » D'ERFURT AUX « SERMONS » DE COLOGNE

par

Loris STURLESE

PARIS
LIBRAIRIE PHILOSOPHIQUE J. VRIN
6, Place de la Sorbonne, V[e]

2022

Citations extraites de l'édition *Sermons, traités, poème. Les écrits allemands*, trad. fr. J. Ancelet-Hustache et É. Mangin, introd. et notes É. Mangin, Paris, Seuil, 2015 :

Sermons 2-9-13-16a in *Sermons*, T. 1, trad. et prés. par J. Ancelet-Hustache
© Éditions du Seuil, 1974, pour la traduction française

Sermons 41-42-46 in *Sermons*, T. 2, trad. et prés. par J. Ancelet-Hustache
© Éditions du Seuil, 1978, pour la traduction française

Sermons 60-81-86 in *Sermons*, T. 3, trad. et prés. par J. Ancelet-Hustache
© Éditions du Seuil, 1979, pour la traduction française

Sermon 88 in *Le silence et le verbe*, trad. fr. É. Mangin
© Éditions du Seuil, 2012, pour la traduction française

Sermons 108-110 in *Sermons, traités, poème. Les écrits allemands*, trad. fr. É. Mangin
© Éditions du Seuil, 2015 pour la traduction française

Citations extraites de l'édition *Traités et sermons,* introd. et trad. fr. A. de Libera
© Flammarion, Paris, 1993

Ce livre a été relu par Nicolas Faucher

Illustration de couverture :
Marsilius de Inghen, Commentaire de la Métaphysique
© Dombibliothek Köln, Codex 1057, fol. 1r

En application du Code de la Propriété Intellectuelle et notamment de ses articles L. 122-4, L. 122-5 et L. 335-2, toute représentation ou reproduction intégrale ou partielle faite sans le consentement de l'auteur ou de ses ayants droit ou ayants cause est illicite. Une telle représentation ou reproduction constituerait un délit de contrefaçon, puni de deux ans d'emprisonnement et de 150 000 euros d'amende.

Ne sont autorisées que les copies ou reproductions strictement réservées à l'usage privé du copiste et non destinées à une utilisation collective, ainsi que les analyses et courtes citations, sous réserve que soient indiqués clairement le nom de l'auteur et la source.

© *Librairie Philosophique J. VRIN*, 2022
Imprimé en France

ISSN 1765-6095

ISBN 978-2-7116-3038-7

www.vrin.fr

ABRÉVIATIONS USUELLES

MAÎTRE ECKHART

DW	*Die deutschen Werke*, éd. J. Quint et G. Steer, Stuttgart, Kohlhammer, 1936 *sq*.
In Exod.	*Expositio libri Exodi* (LW II)
In Gen.	*Expositio libri Genesis* (LW I)
In Ioh.	*Expositio sancti Evangelii secundum Iohannem* (LW III)
In Sap.	*Expositio libri Sapientiae* (LW IV)
Les sermons, trad. J.-L.	*Les sermons*, trad. fr. et présentation G. Jarczyk et P.-J. Labarrière, Paris, Albin Michel, 2009 (Sermons 1-90 de l'édition Quint).
Les traités, trad. J.-L.	*Les traités et le Poème*, trad. fr., présentation et notes G. Jarczyk et P.-J. Labarrière, Paris, Albin Michel, 2011.
LW	*Die lateinischen Werke*, éd. E. Benz, K. Christ, B. Decker, H. Fischer, B. Geyer, J. Koch, E. Seeberg, L. Sturlese, K. Weiß, A. Zimmermann, Stuttgart, Kohlhammer, 1936 *sq*.
Lib. par. Gen.	*Liber parabolarum Genesis*
Pr.	*Predigten, Traktate*, éd. F. Pfeiffer, Leipzig, Göschen, 1857, réimpr. Aalen, Scientia Verlag, 1962.
Prol. gen. in Op. trip	*Prologus generalis in Opus tripartitum* (LW V2)

Reden	*Die Reden der Unterweisung*
Serm.	*Sermones* (LW IV)
Sermons, trad. AH.-M.	*Sermons, traités, poème. Les écrits allemands*, trad. fr. J. Ancelet-Hustache et É. Mangin, introd. et notes É. Mangin, Paris, Seuil, 2015.
Traités, trad. de L.	*Traités et sermons*, trad. fr., introd., notes et index A. de Libera, Paris, Flammarion, 1995 (3e éd.).

AUTRES ABRÉVIATIONS

PG	Patrologia Graeca
PL	Patrologia Latina
Confess.	Augustin, *Confessiones*, éd. L. Verheijen, « Corpus Christianorum. Series Latina » 27, Turnhout, Brepols, 1990.
De Gen. contra Manich.	Augustin, *De Genesi contra Manichaeos*, éd. D. Weber, « Corpus Scriptorum Ecclesiasticorum Latinorum » (CSEL) 91, Wien, Österreischiche Akademie der Wissenschaften, 1998.
In Sent.	Thomas d'Aquin, *Scriptum super III librum Sententiarum,* éd. M.-F. Moos, Paris, Lethielleux, 1933.
Summa theol.	Thomas d'Aquin, *Summa theologiae*, Alba-Roma, Edizioni Paoline, 1962.

INTRODUCTION

ECKHART ET L'ÉCRITURE

Dans sa double fonction de frère dominicain et de professeur de théologie, Maître Eckhart, né près d'Erfurt en Thuringe vers 1260 et mort en Avignon en 1328[1], s'est constamment interrogé, tout au long de sa vie intellectuelle, sur le sens de l'Écriture sainte, faisant part de ses réflexions à son auditoire.

Eckhart fit une carrière exceptionnelle. Administrateur, il dirigea, comme prieur, l'un des plus importants couvents d'Allemagne, Erfurt; il fut nommé vicaire régional de Thuringe, prieur provincial de Saxonie (1303 à 1310) et fut chargé d'affaires pour le compte du maître général de l'Ordre. Intellectuel, il étudia à l'Université de Paris, où il suivit, à la faculté de théologie, le cursus académique complet d'assistant à professeur, avec deux périodes d'enseignement à la Sorbonne, une première fois de 1302 à 1303 et une seconde de 1311 à 1314. Il enseigna aussi à Cologne dans le *studium generale* de l'ordre dominicain.

Membre à part entière de l'élite ecclésiastique et intellectuelle de son siècle, Eckhart n'a pas seulement laissé un souvenir controversé de son

1. Pour une présentation synthétique de sa biographie, on se reportera à W. Senner, « Meister Eckhart's Life, Training, Career, and Trial », *in* J. Hackett (ed.), *A Companion to Meister Eckhart*, Leiden-Boston, Brill, 2013, p. 7-84. Pour la documentation d'origine sur la vie d'Eckhart, voir L. Sturlese (éd.), *Acta Echardiana*, Stuttgart, Kohlhammer, 2006, LW V, p. 149-617. Les œuvres de Maître Eckhart sont citées dans les éditions critiques de E. Benz, K. Christ, B. Decker, H. Fischer, B. Geyer, J. Koch, E. Seeberg, L. Sturlese, K. Weiß, A. Zimmermann (LW) et de J. Quint et G. Steer (DW).

action[1]: il nous a aussi légué un certain nombre d'écrits qui nous font connaître son travail d'intellectuel. Il s'agit d'œuvres composées en latin – la langue véhiculaire de l'Europe de son temps –, dont la plupart furent publiées dans le cadre d'un projet systématique conçu au tournant du XIIIe siècle sous le nom d'*Œuvre tripartite*. Ce travail d'ensemble devait comporter une section présentant « plus de mille thèses » sur les concepts fondamentaux de la métaphysique (être, bien, un, etc.), une section comptant un aussi grand nombre de questions (distribuées selon le plan de la *Somme de théologie* de Thomas d'Aquin), et une double section de commentaires à l'Écriture, sous forme soit de sermons, soit d'explications de tous les livres de la Bible[2].

Projet métaphysique de grande ampleur, donc, mais destiné, en tant que tel, à rester inachevé : car tout ce que Maître Eckhart publia concerne exclusivement la troisième partie, l'herméneutique du texte sacré, menée dans une double perspective latine et allemande, au travers de six commentaires à l'Écriture, de deux cycles de sermons sur la liturgie du temps et des saints, composés d'environ 120 prêches en latin et d'autant en allemand médiéval, et d'un certain nombre de traités rédigés dans cette dernière langue[3].

Comme nous l'avons déjà observé, la langue de communication et de diffusion des idées était, à l'époque d'Eckhart, le latin. En publiant ses commentaires en latin, il s'adressait à la communauté internationale de ses collègues et à l'élite philosophique et théologique. Mais, à la différence de la grande majorité de ses collègues, il cultiva, parallèlement à cette activité, l'écriture en vernaculaire et travailla à la rédaction de ses sermons en moyen-haut-allemand aussi soigneusement qu'à la publication de ses œuvres latines.

1. En 1329, le pape Jean XXII condamna comme hérétiques vingt-huit propositions tirées des œuvres latines et allemandes d'Eckhart (documentation dans L. Sturlese (éd.), *Acta Echardiana*, *op. cit.*, n. 57, LW V, p. 557-560). Au même moment, le Maître fut défendu comme « homo doctus et sanctus » par un courant de dominicains allemands, dont faisaient partie des intellectuels comme Henri Suso et Jean Tauler ; voir à ce propos L. Sturlese, « Les Eckhartiens de Cologne », dans É. Zum Brunn (éd.), *Voici Maître Eckhart*, Grenoble, Millon, 1994, p. 355-371.

2. Eckhart, *Prol. gen. in Op. trip.*, n. 3-6, LW I/2, p. 21-25.

3. Sur les questions philologiques actuelles concernant l'œuvre homilétique d'Eckhart, voir L. Sturlese, « Observations sur la prédication d'Eckhart. Le rôle des prédications dans l'ensemble de l'œuvre d'Eckhart, avec quelques réflexions sur la *locutio emphatica* », *Revue des Sciences Philosophiques et Théologiques* 98, 2014, p. 443-455.

Il s'agit en l'occurrence, comme on le sait, de textes dotés d'une grande valeur littéraire et d'une grande puissance spéculative. Ce sont des textes qui méritent un intérêt particulier de la part de l'historien de la philosophie et de la théologie, car ils constituent une ambitieuse tentative de formuler d'une façon claire et univoque des concepts que la tradition avait jusqu'alors exprimés seulement en latin. En effet, c'est le lexique philosophique allemand qui se consolide à cette époque et dans ces textes. C'est précisément sur ces derniers que porteront les analyses du présent volume.

Eckhart n'était bien sûr pas le seul à prêcher, et pas le seul à prêcher dans sa langue maternelle. Tous ses collègues professeurs de théologie à la Sorbonne prononçaient de magnifiques sermons en latin. On sait aussi que Bonaventure de Bagnoregio, Thomas d'Aquin et Albert le Grand ont prêché non seulement en latin, mais également dans leur langue vernaculaire. Cependant, à la différence de ses collègues, Eckhart est le seul à avoir *rédigé, recueilli et publié* ses sermons en langue vulgaire; ceci constitue une raison supplémentaire d'examiner cet ensemble de textes à la loupe de l'interprétation.

LES INTENTIONS D'ECKHART

Eckhart a pour ainsi dire « compensé » le choix d'écrire quasi exclusivement des commentaires bibliques et des sermons par une série de déclarations de principe, d'intention et de projet. La critique a recueilli et interprété avec beaucoup de soin ces déclarations, afin d'étudier et de comprendre son intention et les buts de son activité d'intellectuel. Bien sûr, il n'est pas dit que les déclarations de principe correspondent toujours à ce qui est effectué par la suite. Elles constituent cependant toujours d'importants indicateurs, du moins en tant que révélatrices de projets et d'intentions.

La portée philosophique de l'exégèse eckhartienne est bien articulée dans un texte programmatique formulé au début de son Commentaire sur Jean.

Eckhart écrit :

> *intentio est auctoris, sicut et in omnibus suis editionibus, ea quae sacra asserit fides christiana et utriusque testamenti scriptura, exponere per rationes naturales philosophorum* [1].

1. Eckhart, *In Ioh.*, n. 1-2, LW III, p. 4.

> l'auteur se propose, comme dans tous ses écrits, d'expliquer par les raisons naturelles des philosophes les affirmations de la sainte foi chrétienne et de l'Écriture dans les deux Testaments [1].

Kurt Flasch a commenté ce texte à plusieurs reprises, en l'interprétant comme le programme fondateur d'une philosophie du christianisme[2]. Eckhart « veut *démontrer*, au moyen d'arguments philosophiques, la vérité affirmée par la foi chrétienne, vérité prise ici dans son extension maximale, qui comprend la création du monde, la chute, l'incarnation et la rédemption, c'est-à-dire la vérité de l'Ancien et du Nouveau Testament »[3].

Un autre texte – cette fois en allemand – est empreint de la même force déclarative. Ce texte est contenu dans le sermon pour la veille de la fête de Jean le Baptiste, n. 74* [Q 53][4], dans lequel Eckhart trace son « programme spirituel », son « geistliches Predigtprogramm » (selon les mots d'Alois Haas)[5], et où, pour le dire comme Josef Quint, il esquisse « l'ensemble du programme de son annonce mystique [...], c'est-à-dire l'*abegescheidenheit* comme vertu fondamentale et comme condition fondamentale pour l'expérience [*Erlebnis*] de l'union mystique »[6]. En fait, Eckhart ne semble pas envisager ici quelque « union mystique » que ce soit, mais fait plutôt le catalogue des principaux thèmes théoriques de sa prédication. Le texte n'en demeure pas moins très important :

> *Swenne ich predige, sô pflige ich ze sprechenne von abegescheidenheit und daz der mensche ledic werde sîn selbes und aller dinge. Ze dem andern mâle, daz man wider îngebildet werde in daz einvaltige guot, daz got ist.*

1. Eckhart, *Le commentaire de* l'Évangile selon Jean. *Le Prologue*, avant-propos, trad. fr. et notes par A. de Libera, É.-H. Wéber, É. Zum Brunn, Paris, Cerf, 1989, p. 27.

2. K. Flasch, *Meister Eckhart: Philosoph des Christentums*, München, Beck, 2010, trad. fr. C. König-Pralong, *Maître Eckhart. Philosophe du Christianisme,* Paris, Vrin, 2011.

3. K. Flasch, *Maître Eckhart*, *op. cit.*, p. 201.

4. Les sermons allemands d'Eckhart seront toujours cités selon la numérotation de l'édition critique Quint (DW vol. I-III et V : Q) et Steer (DW vol. IV : S) et selon le numéro résultant du réarrangement dans l'ordre liturgique (numéro marqué par un asterisque) : voir à ce propos L. Sturlese, *Tavole di concordanza tra le diverse numerazioni delle Prediche*, dans Eckhart, *Le 64 Prediche sul tempo liturgico*, éd. L. Sturlese, Milano, Bompiani, 2014, p. 907-915. Cette reconstruction liturgique constitue la base de l'ordre des sermons dans Eckhart, *Sermons, traités, poème. Les écrits allemands*, trad. fr. J. Ancelet-Hustache et É. Mangin, introd. et notes É. Mangin, Paris, Seuil, 2015, p. 847-853. Entre crochets carrés [...] figurent mes propositions alternatives de traduction.

5. A. M. Haas, *Meister Eckharts geistliches Predigtprogramm*, dans *Geistliches Mittelalter*, Freiburg, Universitätsverlag, 1984, p. 317-338.

6. J. Quint, dans DW II, n. 2, p. 528.

Ze dem dritten mâle, daz man gedenke der grôzen edelkeit, die got an die sêle hât geleget, daz der mensche dâ mite kome in ein wunder ze gote. Ze dem vierden mâle von götlîcher natûre lûterkeit – waz klârheit an götlîcher natûre sî, daz ist unsprechelich. Got ist ein wort, ein ungesprochen wort[1].

Lorsque je prêche, j'ai coutume de parler de détachement [séparation] et de ce que l'homme doit se trouver dépris [affranchi] de soi-même et de toutes choses. En second lieu, que l'on doive se trouver formé intérieurement [réimprimé] dans le Bien simple qui est Dieu. En troisième lieu, que l'on pense à la grande noblesse que Dieu a déposée dans l'âme, pour que l'homme par là parvienne à Dieu de façon merveilleuse. En quatrième lieu, de la limpidité de la nature divine – quelle clarté se trouve en la nature divine, cela est inexprimable. Dieu est une Parole, une parole inexprimée[2].

Cette déclaration n'est pas moins importante que celle du Commentaire à saint Jean. Elle présente une série ordonnée (et progressive) des éléments fondamentaux de la pensée eckhartienne que nous nous efforçons ici de traduire en préservant la technicité de sa terminologie :

– *abegescheidenheit* (« séparation ») ;

– *ledic werden* (« être sans liens ») ;

– *wider îngebildet werden* (« être ré-imprimé ») ;

– *die grôze edelkeit an der sêle* (« la grande noblesse dans l'âme ») ;

diu lûterkeit götlîcher natûre (« la pureté de la nature divine ») ;

– *got ungesprochen wort* (« Dieu parole inexprimée »).

On a ici six « mots-clefs », dont les trois premiers dessinent la dynamique du chemin vers la perfection, tandis que les trois derniers en livrent les présupposés pour ainsi dire ontologiques (la réflexion – Eckhart écrit : « man gedenke » !) ; on aura l'occasion de revenir sur ces concepts. Pour le moment, examinons de plus près cette terminologie et les différentes solutions adoptées par les traducteurs français, au moins en ce qui concerne les trois premiers termes.

1. Eckhart, *Pr.* 74* [Q 53], texte de l'édition critique J. Quint, DW II, p. 528-529.

2. Texte tiré de Eckhart, *Les sermons*, J.-L. ; voir trad. fr. J. Ancelet-Hustache et É. Mangin, *op. cit.*, p. 459.

abegescheidenheit: « détachement », J.-L., AH.-M. ; « détachement » est aussi en règle générale la traduction d'Alain de Libera[1]. Le sermon n. 74* [Q 53] n'est pas contenu dans la sélection de Libera, mais on trouve une synthèse du « Programme de prédication » en exergue de la section des Sermons[2], où le mot abegescheidenheit est traduit par « délaissement ». L'étude des textes d'Eckhart suggère plutôt de le traduire par « séparation », comme on peut le déduire en considérant la combinaison de Pr. 4* [Q 77], DW III, p. 343-344 et *In Ioh.* n. 318, LW III, p. 266. Dans le texte latin cité, Eckhart utilise « Pharisaeus » au sens de « separatus » (« "Phares" enim divisio est et separatio ») et, dans le Sermon, établit l'équivalence entre « separatio » et « abescheidenheit » (« Pharisêus sprichet als vil als einer, der abegescheiden ist »).

ledic werden : « être dégagé de » AH.-M., « se trouver dépris de » J.-L., « se libérer de » deL. dans l'exergue cité[3], et plus généralement : « être vide » deL.[4]. Dans ce cas aussi nous suggérons une traduction alternative fondée sur Lexer[5] : « être sans liens », « être affranchi » (« frei, unbehindert … ungefesselt … unverheiratet ») et confirmé par Diefenbach[6] : *absolutus*.

wider îngebildet werden : « être réintroduit dans » AH.-M., « se trouver formé intérieurement » J.-L. ; « être réinséré dans » deL.[7]. Nous préférerions : « être imprimé de nouveau », « réimprimé », « ré-formé ». Le verbe *înbilden* (Diefenbach[8] imprimere) évoque la métaphore du sceau, avec ses composantes : le modèle – le sceau – l'image du modèle dans le sceau – la cire où l'image est imprimée. Dans un sceau « spirituel », nous avons seulement le modèle et l'image parce que, si on fait abstraction de la matière, sceau, image dans le sceau et cire coïncident. C'est l'idée de l'imago impressa (deux fois chez Eckhart[9], deux fois chez Thomas

1. Eckhart, *Traités et sermons*, trad., introd., notes et index A. de Libera, Paris, Flammarion, 1995 (contient les *Traités* et une anthologie de 30 sermons traduits nouvellement sur la base de la trad. fr. de F. Aubier et J. Molitor, avec une introd. de M. de Gandillac, Paris, Aubier Montaigne, 1942), p. ex. p. 82.

2. Eckhart, *Traités et sermons*, p. 221.

3. *Ibid.*

4. Voir *ibid.*, n. 7, p. 186 et n. 9, p. 187 : « le mot *ledig*, « vide » ou « libre » (au sens où l'on dit « libre » une place inoccupée) ».

5. M. Lexer, *Mittelhochdeutsches Handwörterbuch*, 3 t., Leipzig, Hirzel, 1872-1878, en ligne : http: //woerterbuchnetz.de/cgi-bin/WBNetz/wbgui_py? sigle=Lexer, s. v.

6. L. Diefenbach, *Glossarium Latino-Germanicum Mediae et Infimae Aetatis, e codicibus manuscriptis et libris impressis*, Francofurti ad Moenum, Baer, 1857, p. 5.

7. Eckhart, *Traités*, trad. de L., p. 221.

8. L. Diefenbach, *Glossarium*, *op. cit.*, p. 290.

9. Eckhart, *In Gen.* n. 301, LW I/2, p. 323 (« imago dei nobis impressa »), *Lib. par. Gen.* n. 189, LW I/2, p. 426 (« impressa imago dei »).

d'Aquin[1], jamais chez Dietrich de Freiberg). *Înbilden* comporte le préfixe in, signifiant ainsi « imprimer selon (le modèle de) ». Donc îngebildet werden in daz guot veut dire « être imprimé selon l'image de la Bonté et par conséquence en prendre la forme ». Il faut considérer que bilt ne signifie pas seulement l'« image », mais aussi la « forme ». *Înbilden* traduit donc le trans-formari et le re-formari de II Corinthiens 3, 18 et de Romains 12, 2. Telle est la direction qu'a suivie Alain de Libera dans sa traduction de Quint 3, où il traduit *îngebildet wirt in die êrsten lûterkeit* par « prend forme dans la pureté première »[2].

– *die grôze edelkeit an der sêle* (« la grande noblesse dans l'âme ») ;

– *diu lûterkeit götlîcher natûre* (« la pureté » AH.-M., « la limpidité » J.-L. « … de la nature divine ») ;

– *got ungesprochen wort* (« Dieu parole inexprimée »).

Comme on le voit, il s'agit de termes techniques qui ont toujours, en principe, un équivalent en latin mais qu'Eckhart a parfois remodelés de façon créative. Pour cette raison, nous croyons que la traduction doit avant tout faire montre de cohérence et de régularité, de manière à permettre l'appréciation systématique du texte d'un point de vue formel et lexical[3].

Les deux déclarations que nous venons d'examiner trahissent, d'une part, l'ambition spéculative de développer une philosophie du christianisme, établie dans l'œuvre latine et scolastique et, d'autre part, une tentative de construire un parcours de perfectionnement spirituel (laissons de côté la question de savoir s'il s'agit d'une vraie mystagogie, selon l'interprétation de Quint), qui se laisse découvrir surtout dans l'œuvre allemande. S'agit-il des membres d'une alternative opposant philosophie et mysticisme ou bien de différents aspects d'un projet qui était fondamentalement

1. Thomas d'Aquin, *Scriptum super Sententiis*, III, d. 9, q. 1, a. 2, qc. 5, arg. 2, éd. M.-F. Moos, Paris, Lethielleux, 1933, p. 308 (« imago impressa divinitus ») ; *id.*, *Summa theol.*, I, q. 93, a. 6, ad 1, p. 452 (« dei imago impressa »).

2. Eckhart, *Traités*, trad. de L., p. 239.

3. Cela ne nous semble pas être le cas de la traduction de Quint, dans DW I-III et V, qui travaille avec une *variatio terminorum* qui rend à notre avis impossible d'apprécier la technicité de la terminologie eckhartienne. Bien plus cohérente est la traduction de de Libera, qui thématise explicitement le problème (« on a cherché l'exactitude, la cohérence et, toujours, la clarté », trad. de L., p. 71). G. Jarczyk et P.-J. Labarrière se sont efforcés de proposer une traduction littérale dans Eckhart, *Les sermons*, *op. cit.* Une traduction plus élégante mais moins littérale est celle de J. Ancelet-Hustache et É. Mangin, dans Eckhart, *Sermons, traités, poème*, *op. cit.* Notre traduction en italien cherche la cohérence même au prix d'une certaine asperité stylistique (Eckhart, *Le 64 Prediche*, *op. cit.*, p. LXXXIII-LXXXIV).

le même? Si l'on veut opter – comme nous le recommandons – pour la seconde réponse, il faudra d'abord prendre garde d'éviter de réduire la «philosophie» au rationalisme aristotélicien et d'identifier le «mysticisme» à une simple forme d'irrationalisme.

En vérité, le projet d'Eckhart repose plutôt sur une prise de position en faveur d'une conception de la philosophie comme découverte de soi et de sa propre relation essentielle à Dieu – une découverte qui présuppose d'employer correctement son intellect comme guide et modérateur d'une sagesse susceptible de conduire à la vie bienheureuse.

Toutefois, l'unité qui caractérise l'inspiration du travail eckhartien ne signifie pas qu'il ne s'y trouve pas de différences et de nuances, surtout dans le registre argumentatif des différentes œuvres.

La différence la plus évidente est celle du langage et du public à qui l'auteur s'adresse. Écrire en latin signifie, à la fin du XIIIe siècle, s'adresser au public international des intellectuels de toute l'Europe. Écrire en allemand signifie renoncer au privilège de l'internationalité, mais a l'avantage d'atteindre un public – celui des laïcs, des professionnels, des gens de cour, des femmes semi-lettrées – plus stratifié et plus large que celui des intellectuels de haut niveau [1].

La prise de distance avec le discours académique s'accompagne, dans le cas des textes vernaculaires, de l'adoption d'un registre littéraire, rhétorique et argumentatif nouveau.

Or l'un des éléments caractérisques de la rhétorique employée par le Maître dans ces textes (soit des traités, soit des sermons) consiste dans la simulation de l'oralité et la mise en scène d'un public de spectateurs, à qui Eckhart donne parfois la parole. Certes, le goût de l'oralité n'est pas non plus entièrement absent des textes latins. Mais, dans ses textes allemands, Eckhart met en scène son interlocuteur d'une manière singulière : il s'agit d'un interlocuteur qui veut «poser une question», une «vrâge». Il ne s'agit ni d'une reprise du modèle ancien du dialogue philosophique, ni d'un recours aux procédés de la littérature catéchétique et d'érudition, mais

1. Sur cette question, voir R. Imbach, C. König-Pralong, *Le défi laïque*, Paris, Vrin, 2013; *cf.* aussi G. Steer, «Zum Begriff "Laie" in deutscher Dichtung und Prosa des Mittelalters», *in* L. Grenzmann, K. Stackmann (Hrsg.), *Literatur und Laienbildung im Spätmittelalter und in der Reformationszeit: Symposion Wolfenbüttel 1981*, Stuttgart, Metzler, 1984, p. 764-768; R. Imbach, *Dante, la philosophie et les laïcs: initiations à la philosophie médiévale*, Fribourg, Éditions Universitaires, 1996; R. Imbach, *Laien in der Philosophie des Mittelalters: Hinweise und Anregungen zu einem vernachlässigten Thema*, Amsterdam, Grüner, 1989.

plutôt de l'insertion de petits segments dialogiques dont la fonction dépend d'une stratégie rhétorique qui vise à maintenir l'attention du lecteur à un niveau élevé, et surtout à signaler d'une façon synthétique des points de difficulté dans le développement de l'argumentation, présentés du point de vue d'un disciple reconnu comme interlocuteur valable et élevé par sa réponse au niveau spéculatif du maître.

On examinera plus en détail le mouvement argumentatif qui sous-tend ce mécanisme de « question » et de « réponse », de « vrâge » et d'« antwort ». Pour l'heure, nous nous contenterons d'admettre cet acquis minimal : chaque « question » est un doigt pointé signalant aux lecteurs l'importance des thèses ainsi présentées et mises en évidence.

D'une certaine manière, on peut constater une symétrie avec les œuvres latines : car « poser une question » faisait partie intégrante du travail du professeur et nous disposons de fait d'un certain nombre de questions universitaires d'Eckhart en latin. Avec ses « questions latines », Eckhart propose à ses étudiants des sujets choisis en raison de leur actualité ou de leur importance spéculative. Aussi bien en latin qu'en allemand, l'émergence d'une « quaestio », d'une « vrâge », a donc une valeur signalétique de première importance.

« Questions latines » et « questions allemandes »

Maître Eckhart enseigna à la faculté de théologie de l'Université de Paris pendant près de quatre années académiques, et participa dans le cadre de ses devoirs professoraux à autant de cycles de questions ordinaires et quodlibétales. De toute cette activité ne nous demeure connue qu'une petite fraction : il s'agit de neuf reportations scolaires, c'est-à-dire de sténogrammes de questions qui ne furent pas rédigées et publiées par le maître, mais mises en circulation par des étudiants ayant assisté à la discussion. Les « Quaestiones Parisienses » n. 1-3 ont été l'objet d'un excellent travail de recherche publié en 1984 par un groupe de savants français[1] ; à propos des questions n. 6-9, on peut renvoyer aux études

1. Eckhart, *Maître Eckhart à Paris. Une critique médiévale de l'ontothéologie. Les Questions parisiennes n° 1 et n° 2 d'Eckhart*, études, textes et trad. fr. E. Zum Brunn *et al.*, Paris, P.U.F., 1984. Voir aussi l'analyse du manuscrit avignonnais 1071 des *Questions* dans L. Sturlese, E. Rubino (Hrsg.), *Bibliotheca Eckhardiana Manuscripta. Studien zu den lateinischen Handschriften der Werke Meister Eckharts*, I, Stuttgart, Kohlhammer, 2012, p. 1-55.

récentes de Markus Vinzent et de ses collaborateurs[1]. Bien qu'aucune de ces neuf questions ne semble avoir été rédigée par le Maître, quelques références dans l'*Opus sermonum* montrent qu'il avait au moins le projet de publier un recueil de ces questions : « Vide Quaestiones de attributis infra » (les références pertinentes n'ont pas encore été identifiées)[2].

À ce petit nombre de textes s'ajoute le grand projet d'Eckhart d'une *Œuvre des questions* (*Opus quaestionum*), annoncé mais resté inachevé, subdivisé « d'après les matières des questions selon l'ordre » utilisé par Thomas d'Aquin dans sa *Somme*[3]. Eckhart nous a légué à titre d'exemple le développement complet de la première de ces questions : « Prima quaestio de divinitate : Utrum deus sit »[4].

Enfin, il ne faut pas oublier les « questions » soulevées occasionnellement dans les commentaires de l'*Opus tripartitum*. Parfois, il s'agit de questions inhérentes à l'interprétation du texte scripturaire commenté et déjà soulevées par l'exégèse patristique, surtout par Augustin (p. ex. « solet quaeri communiter quare de creatis in secunda die non dicatur quod bonum est »)[5]. Parfois, l'auteur introduit sous l'intitulé « questio » une digression sur un problème spécifique, mais sans reproduire le mouvement argumentatif divisé en « pro », « contra » et « respondeo », typique de la question universitaire : telles sont les questions comme « l'acte de la création peut-il être communiqué à d'autres »[6], « la distinction des attributs est-elle en Dieu ou dans notre intellect seulement »[7], « quelle est la cause de l'inégalité des

1. M. Vinzent, « Questions on the attributes (of God). Four rediscovered *Parisian Questions* of Meister Eckhart », *The Journal of Theological Studies*, NS, 63, 2012, p. 156-186. Thèse de doctorat : R. J. Richardson, *Meister Eckhart's Parisian Question of « Whether the omnipotence of God should be considered as* potentia ordinata *or* potentia absoluta ? », London, King's College London, 2017.

2. Eckhart, *Serm.* II, 1, n. 8, LW IV, p. 10. Voir E. Reffke, « Studien zum Problem der Entwicklung Meister Eckharts im Opus tripartitum », *Zeitschrift für Kirchengeschichte* 57, 1938, p. 59-60.

3. Eckhart, *Prol. gen. in op. trip.* n. 5, LW I/2, p. 23. N. Bray, « *Auctoritates* bibliche e *quaestiones* dottrinali nell'*Opus tripartitum* di Eckhart e nella *Summa theologiae* di Tommaso d'Aquino », *in* A. Beccarisi, R. Imbach, P. Porro (éd.), *Per perscrutationem philosophicam. Neue Perspektiven der mittelalterlichen Forschung Loris Sturlese zum 60. Geburtstag gewidmet*, Hamburg, Meiner, 2008, p. 156-183, a mis au jour une série de correspondances entre les questions de Thomas et le contenu des commentaires d'Eckhart, mais il s'agit toujours du contenu et non pas de la forme.

4. Eckhart, *Prol. gen. in Op. trip.* n. 13, LW I/2, p. 31.

5. *Id.*, *In Gen.* n. 88 LW I/2, p. 129.

6. *Id.*, *Prol. gen. in Op. trip.* n. 10, LW I/2, p. 34.

7. *Id.*, *In Exod.* n. 58, LW II, p. 63-64.

choses »[1], « la béatitude consiste-t-elle en l'acte de l'intellect ou bien de la volonté »[2], « le mouvement de l'hôte implique-t-il un mouvement du corps de Christ »[3]. Il s'agit de questions quantitativement très rares et plutôt occasionnelles.

On observe enfin des « questions » inscrites dans un horizon pour ainsi dire « événementiel », c'est-à-dire qu'Eckhart présente comme si elles avaient été effectivement soulevées par l'un de ses auditeurs. En fait, il s'agit toujours de la même question – celle de l'éternité du monde –, déclinée de quatre façons différentes.

Dans le premier texte (*Commentaire sur la Genèse*), Eckhart se rappelle s'être vu demander une fois « pourquoi Dieu n'avait pas créé le monde auparavant » et avoir répondu qu'il n'est pas possible de parler d'« auparavant » avant l'instant de la création.

> 1. *cum quaereretur a me aliquando, quare deus mundum non creasset prius, respondi quod non potuit, eo quod non esset. Nec fuerat prius, antequam esset mundus*[4].
> comme on me demandait une fois pourquoi Dieu n'avait pas créé le monde auparavant, je répondis qu'il ne l'avait pas pu, parce qu'il n'y avait pas [d'auparavant]. Et il n'y avait pas d'auparavant, avant que le monde ne fût.

À ce même thème se réfère manifestement un second texte du *Commentaire sur l'Évangile de St Jean*, qui donne quelques précisions supplémentaires : la question aurait été posée par un « bêcheur », pas mieux identifié, qui voulait rendre plausible la thèse de l'éternité du monde :

> 2. *cuidam sciolo volenti probare aeternitatem mundi et quaerenti, quare deus mundum non prius creavit et postea creaverit, respondi quidem ad hominem quod deus non potuit mundum prius creare, quia ante mundum et tempus non fuit prius*[5].
> à un bêcheur qui voulait démontrer l'éternité du monde et demandait pourquoi Dieu n'avait pas créé le monde auparavant et l'avait créé plus tard, je répondis que Dieu n'avait pas pu créer le monde auparavant, parce qu'avant le monde et le temps il n'y avait pas d'auparavant.

1. *Id.*, *In Sap.* n. 37, LW II, p. 357.
2. *Id.*, *In Ioh.* n. 673, LW III, p. 587.
3. *Id.*, *Serm.* V, 1 n. 33, LW IV, p. 36.
4. *Id.*, *In Gen.* n. 7, LW I/2 p. 65. Sauf mention contraire, la traduction des textes latins est toujours la nôtre (trad. all. LW I/2, p. 508).
5. *Id.*, *In Ioh.* n. 214, LW III, p. 180.

Le protagoniste du troisième texte est un laïc, qui pose une question en présence d'un auditoire composé de laïcs (*laico coram laicis*) et demande ironiquement quelle vie Dieu menait tout seul avant la création. Il s'agit évidemment d'une question visant à nier la plausibilité de la création dans le temps, bien qu'Eckhart se limite ici à montrer l'autonomie absolue de Dieu par rapport à la création :

> 3. [...] *quaeritur, qualis et quam deliciosa vita fuerit creatoris nulla creatura subiecta ministrante vel assistente [...] Respondi quandoque laico coram laicis a me quaerenti hanc quaestionem in hunc modum : si nulla esset musca sive culex in mundo, essetne nobis in aliquo peius ? Et ille securus respondit quod non peius, sed potius melius sibi foret. Ego autem coepi ipsi exponere quomodo creatura omnis, etiam totum universum, comparatum deo minus est quam sit culex comparatione hominis*[1].
> [...] il se demande quelle était la vie du créateur et quel plaisir il y prenait sans aucune créature sujette pour le servir ou l'assister [...]. J'ai une fois répondu à un laïc qui, devant des laïcs, m'a posé cette question, de cette manière : s'il n'y avait dans le monde aucune mouche ou aucun moustique, notre situation serait-elle pire en quoi que ce soit ? Et il répondit, bien sûr, que pour lui elle ne serait pas pire mais plutôt meilleure. Je commençai alors à lui expliquer comment chaque créature, et même l'univers entier, en comparaison de Dieu est moins que le moustique en comparaison de l'homme.

Le thème du texte n. 3 est repris dans le passage suivant, où Eckhart réaffirme l'autonomie de Dieu, en ajoutant l'argument de l'impossibilité de l'existence d'un « auparavant » avant le premier instant de la création et donc du temps :

> 4. *Quaerebat quidam : quid faciebat deus aut qualiter vitam gerebat vel agebat, cum solus esset ante omnem creaturam ? Responsum est illi : numquid aliquid vobis deesset aut minus bene, etsi musca nulla esset ? Et ait : non, sed potius melius. Et dictum est illi : plus est musca una minima respectu vestri, et plus dependet esse vestrum ab illa quam esse dei [ab omni] creatura. Alii etiam volenti protervire responsum est quod deus nec ante nec prius poterat mundum facere, quia nec ante nec prius erat, quando mundus non erat. Aut quomodo prius faceret, qui in primo nunc aeternitatis mundum creavit ? Non enim aliud est nunc aeternitatis nisi unicum, quod tunc erat, quando deus mundum creabat. Falso enim imaginantur homines indocti moram aut exspectationem intervenire, ubi tempus non est*[2].

1. Eckhart, *In Ioh.* n. 219-220, LW III, p. 184.
2. *Id.*, *Serm.* XLV, n. 458, LW IV, p. 380.

> Quelqu'un demandait : Que faisait Dieu ou bien quelle vie menait-il ou passait-il, puisqu'il [quand il] était le seul avant toute créature ? Il lui a été répondu : Quelque chose vous manquerait-il ou serait moins bien s'il n'existait aucune mouche ? Et il répondit : non, plutôt mieux. Il lui fut dit : Une seule toute petite mouche est plus par rapport à vous et votre être en dépend plus que l'Être de Dieu par rapport à toute créature. À un autre voulant s'avancer, il fut répondu que Dieu n'avait pu faire un monde ni avant ni en premier [auparavant], parce qu'il n'y avait ni avant ni premier [ni avant ni auparavant] quand le monde n'était pas. Ou alors, comment aurait-il fait en premier [auparavant], celui qui a créé le monde au premier instant présent de l'éternité ? En effet, le présent [instant] de l'éternité n'est rien d'autre que l'unique, qui était alors, quand Dieu a créé le monde. De façon fausse, des hommes incultes [ignorants] imaginent qu'intervient un délai ou une attente, là où il n'y a pas de temps [1].

Ces quatre textes sont précieux mais aussi fort isolés. On ne trouve dans tout l'*Opus tripartitum* aucune autre question « événementielle ». Ce sont des textes sans doute significatifs dans la mesure où ils ouvrent peut-être une petite fenêtre sur l'univers des laïcs qui constituaient le public d'Eckhart [2], bien que sa dépendance évidente à l'égard de certains passages augustiniens [3] nous pousse à évaluer le contenu « historique » de son témoignage avec beaucoup de prudence [4]. Mais ces textes sont aussi significatifs d'un second point de vue : leur rareté démontre que ce type de questions n'appartient pas au registre rhétorique et argumentatif de l'œuvre latine d'Eckhart.

La situation change complètement si on se tourne vers les écrits allemands du Maître. Dans les traités et les sermons vernaculaires, nous sommes confrontés à un nouveau phénomène : il ne s'agit pas davantage de questions étudiées dans le cadre de son activité professorale (*Quaestiones*

1. *Id.*, *L'œuvre des Sermons. Erfurt-Paris-Strasbourg-Cologne,* trad. fr., introd. et notes J. Devriendt, préface M.-A. Vannier, Paris, Cerf, 2010, p. 359.

2. On trouvera des observations très judicieuses sur le « lecteur idéal » d'Eckhart dans B. Hasebrink, « Die Anthropologie der Abgeschiedenheit. Urbane Ortlosigkeit bei Meister Eckhart », *Meister-Eckhart-Jahrbuch* 7, 2013, p. 139-154.

3. Augustin, *De Gen. contra Manich.*, I, chap. 2, n. 3, p. 68-69 ; *Confess.*, XI, chap. 10-13, n. 12-16, p. 200-202.

4. Le passage n. 1 fut consigné dans la liste des propositions hérétiques. Dans le *Votum Avenionense*, n. 1 (LW V, p. 568), la réponse d'Eckhart est synthetisée d'une façon un peu différente : « une chose ne peut pas agir avant d'être » (« quia res non potest agere, antequam sit »). C'est la même idée que celle de Jean Erigène, *Periphyseon. De divisione naturae*, I, chap. 72, éd. Jeauneau, « Corpus Christianorum Continuatio Mediaevalis » 161, p. 104 : « N. Deus ergo non erat, priusquam omnia faceret ? A. Non erat ».

Parisienses) que du récit d'épisodes de son histoire personnelle (la discussion sur l'éternité du monde) ou de questions globalement incidentes. Il s'agit au contraire d'un complexe de plus de 60 *vrâgen* – un ensemble de textes important tant en termes de quantité que de qualité. C'est principalement sur ces *vrâgen* que nous ferons porter notre attention dans le présent travail. Les « questions allemandes » contiennent, comme nous espérons pouvoir le montrer, des éléments très importants et éclairants de la pensée d'Eckhart. Elles signalent des moments où il s'interroge lui-même. La position d'une *vrâge* à l'intérieur d'un sermon est un indice notable de l'importance doctrinale de la réponse.

Naturellement, il faut distinguer entre points d'interrogation rhétoriques et véritables « questions ». Les points d'interrogation sont fréquents : le prédicateur est aussi un orateur, et l'interrogation sert à capter l'attention de l'auditoire. C'est un outil classique de la rhétorique de la prédication.

Mais on relève aussi des moments où Eckhart prédicateur semble vouloir passer du registre monologique-rhétorique à un registre que l'on peut qualifier de « dialogique-scolastique », ce qui l'amène à poser de vraies questions à travers la mise en scène d'un véritable interlocuteur. Peut-être cet interlocuteur a-t-il d'ailleurs vraiment existé. Notre point de départ consistera dans une recherche de ces moments « dialogiques » dans l'œuvre allemande du maître. Une première partie (chap. premier) sera consacrée aux *vrâgen* posées dans l'ouvrage connu sous le nom d'*Entretiens d'Erfurt*. Une deuxième partie (chap. II-IV) traitera d'une série de *vrâgen* posées au sein d'un groupe unitaire de sermons allemands connu dans la littérature sous le nom de « cycle de la génération éternelle », *êwige geburt*. Dans une troisième partie (chap. V-VI), nous examinerons des textes plus tardifs et essaierons de tirer quelques conclusions.

CHAPITRE PREMIER

QUESTIONS DES *DISCOURS* D'ERFURT SÉPARATION ET ANÉANTISSEMENT DE LA VOLONTÉ

LES *ENTRETIENS* D'ERFURT

Nous avons indiqué que nous nous concentrerions sur les textes allemands du Maître, et que nous commencerions par les passages où Eckhart met au premier plan le moment dialogique et interlocutoire, sous l'appellation de *vrâge*.

Or, si l'on parle de *vrâge*, la première chose qui vient à l'esprit, ce sont les *Discours* d'Erfurt. Il s'agit d'un ouvrage écrit en allemand, que l'on connaît aussi sous les titres d'*Instructions spirituelles* (selon Ancelet-Hustache), de *Discours du discernement* (selon Jarczyk et Labarrière) ou d'*Entretiens spirituels* (traduction d'A. de Libera, adoptée par Mangin)[1]. Pourquoi tant de traductions différentes ? Elles sont toutes les traductions d'un même titre allemand utilisé dans l'édition critique de Quint, qui n'est cependant pas authentique : *rede der vnterscheidung* (la traduction la plus littérale est due à Jarczyk et Labarrière, c'est-à-dire « Discours du discernement »). Ce titre est en fait présenté par seulement trois manuscrits (Pr2, Pr1, M17) qui appartiennent à une branche secondaire de la tradition (z). Sur les neuf manuscrits comportant un titre, les six autres présentent celui d'*Entretiens* (*Rede*), sous forme d'inscription, alors que la majeure partie

1. Eckhart, *Sermons,* trad. AH.-M., p. 723 ; *Les traités*, trad. J.-L., p. 49 ; *Traités,* trad. de L., p. 77.

n'en comporte tout simplement pas, puisqu'il ne s'agit que de manuscrits fragmentaires[1].

Il y a plusieurs traductions de ce texte en français. Nous utiliserons celle d'Alain de Libera parce que c'est celle qui concilie le mieux la cohérence de la terminologie[2] avec l'interprétation doctrinale, car de Libera est un excellent connaisseur du contexte culturel et doctrinal dans lequel Eckhart a conçu ses ouvrages.

Le titre original est donc préservé dans la totalité des manuscrits complets. Dans ce titre, formulé comme on l'a dit sous la forme d'une inscription, il n'est question que de « Reden » (discours, entretiens). Mais il s'agit de « Reden » dans un sens particulier : ce sont des « Reden » dans lesquels « des auditeurs posaient maintes questions », – *vrâgen*. Voici le texte :

> *Daz sint die rede, die der vicarius von türingen, der prior von Erfurt, bruoder Eckhart predigerordens mit solchen kindern hâte, diu in dirre rede vrâgeten vil dinges, dô sie sâzen in collationibus mit einander*[3].
> Entretiens que le vicaire de Thuringe, prieur d'Erfurt, frère Eckhart, de l'ordre des Frères Prêcheurs, eut avec les fils spirituels qui lui posaient maintes questions pendant leurs discussions du soir[4].

Les *Entretiens* d'Erfurt sont le premier texte publié par Eckhart, et nous voyons que sa composante "dialogique" est indiquée dans le titre même. Les *kinder* ne sont pas des « enfants » (Jarczyk et Labarrière, Ancelet-Hustache)[5] mais des « fils spirituels » (traduction de Libera), et il ne s'agit pas seulement des novices, mais de l'ensemble des membres du couvent, dont Eckhart est le « père », étant en effet le prieur de la communauté. Les fils spirituels sont assis le soir ensemble à la table avec Eckhart et *vrâgeten vil dinges*, « posaient de nombreuses questions ». Les *Entretiens* d'Erfurt sont donc *rede* – littéralement : des « raisonnements », car *redelicheit* est la *ratio*, la capacité de faire des discours concluants, de développer des arguments dans une discussion[6]. Ces *rede* sont le résultat de

1. Voir l'introduction de Quint dans DW V, p. 137-183.

2. Voir *supra* n. 9, p. 14.

3. Eckhart, *Reden*, DW V, p. 185.

4. *Id.*, *Traités*, trad. de L., p. 77.

5. *Id.*, *Sermons*, trad. AH.-M., p. 724 « paroles que [...] frère Eckhart [...] adressa à ses enfants » ; *Les traités*, trad. J.-L., p. 51 : « entretiens que [...] frère Eckhart [...] eut avec ces enfants qui [...] ».

6. Pour l'équivalence « redelicheit » = « ratio » (« raison »), voir Eckhart, *Pr.* 8* [Q 76], DW III, p. 315 (« ein vünkelîn der redelicheit [...] in diz vünkelîn setzet man daz bilde der sêle

vrâgen, auxquelles Eckhart a donné ses « réponses ». Il faut dire tout de suite que, si les vingt-trois chapitres ont incorporé les *vrâgen*, il n'est pas facile d'en trouver des traces explicites.

LA PREMIÈRE VRÂGE : L'« ABEGESCHEIDENHEIT »

La première « question » apparaît au chapitre 6, intitulé *Von der abegescheidenheit und von gotes ze habenne* (« Du détachement [De la séparation] [1] et de la possession de Dieu »). La question – dont on remarquera le ton personnel et « historique » – est la suivante :

> *Ich wart gevrâget : etlîche liute zügen sich sêre von den liuten und wæren alles gerne aleine, und dar ane læge ir vride, und daz sie wæren in der kirchen, ob daz daz beste wære ?*
> *Dô sprach ich : nein! und merke, war umbe! Wem reht ist, in der wârheit, dem ist in allen steten und bî allen liuten reht. Wem aber unreht ist, dem ist unreht in allen steten und bî allen liuten. Wem aber reht ist, der hât got in der wârheit bî im. Wer aber got rehte in der wârheit hât, der hât in in allen steten und in der strâze und bî allen liuten als wol als in der kirchen oder in der einœde oder in der zellen* [2].
> On m'a posé cette question : bien des gens aimeraient à se retirer complètement du monde et à vivre dans la solitude, pour y trouver la paix, ou encore à rester à l'église ; serait-ce là ce qu'il y a de mieux à faire ?
> J'ai répondu : non. Note pourquoi. Celui dont l'attitude est droite se trouve bien en tous lieux et avec tout le monde. Mais celui qui manque de rectitude, se trouve mal en tous lieux et avec tout le monde. Celui dont l'attitude est droite, en vérité, a Dieu en lui [près de lui], mais qui possède Dieu [droitement] en vérité le possède en tous lieux et dans la rue et avec tout le monde, aussi bien qu'à l'église ou dans la solitude ou dans une cellule [3].

als in daz oberste teil des gemüetes ») ; voir aussi *Pr.* 21* [Q 49], DW II, p. 441 (« eine sêle, als si dem lîchamen leben gap und mit den sinnen was vereinet und mit der redelicheit »). Dans les deux passages, AH.-M. traduisent « faculté de connaître » (*Sermons,* p. 89) et « puissance intellectuelle » (p. 192-193), tandis que J.-L. traduisent « discursivité » (*Les sermons,* p. 590 et p. 406).

1. Pour la traduction d'« abegescheidenheit » par « séparation », voir *supra*, p. 14.
2. Eckhart, *Reden*, chap. 6, DW V, p. 200-201.
3. *Id.*, *Traités,* trad. de L., p. 82.

Wer got rehte in der wârheit hât, litt. : « qui possède Dieu *droitement* en vérité »[1], c'est là la formule décisive, parce que la question essentielle porte sur le fait de « posséder Dieu » ou de « ne pas le posséder ». Le fait d'être dans un certain endroit, dans un certain lieu – l'église, la solitude, le désert etc. – est une chose tout à fait accidentelle. Mais comment est-il possible de « posséder Dieu » ? Cette idée, formulée pour la première fois dans ce chapitre, est en fait l'aboutissement d'un raisonnement qu'Eckhart a initié dans le premier chapitre par une réflexion sur le sens de la *gehorsame* (« obéissance »), qui est le premier vœu du frère dominicain. Ici, Eckhart ne pense pas à l'obéissance quotidienne aux instructions d'un supérieur (« fais ceci, fais cela »), mais plutôt à *l'essence* de l'obéissance, à la « *vraie* obéissance ». « *Vraie* », essentielle, *rehte* obéissance est l'obéissance à Dieu seul, et consiste dans le renoncement total à l'acte de la volonté propre (au « je veux *alsô oder alsô, diz oder daz* », « de telle manière ou de telle autre, je veux ceci ou je veux cela »).

> *Swâ der mensche in gehôrsame des sînen ûzgât und sich des sînen erwiget, dâ an dem selben muoz got von nôt wider îngân; wan sô einez im selber niht enwil, dem muoz got wellen glîcher wîs als im selber*[2].
> Si l'homme sort de lui-même dans l'obéissance [et se défait de ce qui est sien], Dieu doit nécessairement entrer en lui ; en effet, pour celui qui ne veut rien pour lui-même, Dieu doit vouloir de la même manière que pour lui-même[3].

Voici le théorème de l'*abegescheidenheit.* « Sortir de soi-même » (*ûzgân*), abandonner le « propre » (chap. 2) affranchit l'esprit, le libère de tout lien (*ledic gemüete*, « esprit libre » selon de Libera)[4]. Eckhart considère le « propre » et le « toi-même » comme des expressions de la « volonté propre » (chap. 3), qui doivent être complètement abandonnées (*sich lâzen*). Il faut bien le remarquer : du début à la fin, il est toujours question *de la volonté.* Le vouloir individuel est toujours vouloir de « ceci ou cela » (*diz oder daz*), il s'agit toujours d'un vouloir déterminé. À ce vouloir déterminé, Eckhart oppose la volonté absolue et bonne de Dieu. Il n'est pas

1. La traduction de « rehte in der wârheit » par « en vérité » évite en effet une duplication redondante (« droitement en vérité »), mais *rehte* a ici pour fonction de reprendre l'opposition *reht* (« droiture », attitude droite) – *unreht*, qui est au fondement de l'argumentation du texte.

2. Eckhart, *Reden*, chap. 1, DW V, p. 187.

3. *Id.*, *Traités,* trad. de L., p. 78.

4. Moins convaincantes sont les propositions : « esprit renoncé », Eckhart, *Sermons,* trad. AH.-M., p. 726, et « esprit dépris », *Les traités*, trad. J.-L., p. 53. Pour *ledic,* voir *supra* p. 14.

possible, selon Eckhart, que le vouloir individuel soit conforme à la volonté divine, même s'il s'agit du vouloir d'un acte vertueux et conforme à la volonté divine. La volonté absolue du Bien et le vouloir individuel déterminé à un acte propre s'excluent mutuellement. Par conséquent, c'est seulement par l'abandon de sa volonté propre que l'homme « fait », « redonne la place » à la volonté de Dieu qui, alors, nécessairement (*von nôt*) veut pour lui.

Nous pouvons maintenant revenir à la question que nous commentions. Eckhart se demande en substance : « La vie contemplative est-elle la meilleure voie pour exercer le détachement [la séparation] (*abegescheidenheit*) dont procède la possession de Dieu ? » (chap. 6).

La question a une longue tradition, elle est typique de la spiritualité monastique, et relie la séparation spirituelle à des conditions externes favorables d'espace et de temps (par exemple : la vie érémitique, la solitude, la méditation dans l'église). Eckhart y reviendra également dans d'autres sermons[1], et la réponse sera toujours la même : ce qui importe est l'intériorité – l'intériorité spirituelle et non pas "locale" : le lieu et le temps n'affectent pas l'homme parfait (*homo divinus*). Pour quelle raison ? Eckhart répond : il s'est dépouillé de sa volonté, il a Dieu *avec* lui, ou plutôt, « il a Dieu », « il possède Dieu ». Il ne dit rien de plus mais nous verrons que, dans ses sermons, il tentera de donner à sa position un fondement philosophique.

LA VRAIE POSSESSION DE DIEU

Une seconde question lui permet, dans le même chapitre, de clarifier ce qui constitue la véritable « possession de Dieu ».

> *War ane liget nû diz wâre haben gotes, daz man in wærlîche habe ?*
> *Diz wærlîche haben gotes liget an dem gemüete und an einem inniclîchen vernünftigen zuokêrenne und meinenne gotes, niht an einem stæten anegedenkenne in einer glîchen wîse, wan daz wære unmügelich der natûre in der meinunge ze habenne und sêre swære und ouch daz aller beste niht. Der mensche ensol niht haben noch im lâzen genüegen mit einem gedâhten gote, wan, swenne der gedank vergât, sô vergât ouch der got. Mêr : man sol haben einen gewesenden got, der verre ist obe den gedenken des menschen*

1. Voir p. ex. Eckhart, *Pr.* 3* [Q 68], DW III, p. 145.

> *und aller crêatûre. Dér got envergât niht, der mensche enkêre denne williclîche abe*[1].
>
> À quoi tient donc cette vraie possession de Dieu, qui fait qu'Il est réellement à nous ?
>
> Cette véritable possession de Dieu a sa source [se situe] dans l'esprit qui se tourne vers Dieu intellectuellement et intérieurement et se porte vers lui [l'entend]. Il ne s'agit pas de penser à lui de façon constante et égale ; pour notre nature, [le retenir dans l'entendement] serait un dessein impossible ou très difficile et ce ne serait même pas la meilleure solution. L'homme ne doit pas se contenter d'un Dieu pensé, car quand la pensée disparaît, Dieu disparaît également. Ce qu'il faut avoir, c'est un Dieu de substance, un Dieu qui soit au-dessus de la pensée de l'homme et de toutes les créatures. Ce Dieu-là ne passe pas, à moins que l'homme ne se détourne volontairement de lui[2].

Dans ce texte, Maître Eckhart met au jour la composante intellectuelle de la possession de Dieu, un élément sur lequel il reviendra à plusieurs reprises dans les *Entretiens* (ce n'est pas par hasard que, dans le titre même du chapitre 7, Eckhart écrit que l'homme « doit accomplir son œuvre de la façon la plus conforme à l'intellect » : *ûf daz hœhste vernünfticlîchen*). Nous avons ici un concentré de terminologie afférente au domaine de la noétique : *gemüete* (« mens », « esprit ») ; *gedenken, gedank* (« cogitare », « penser, pensée ») ; *meinunge* (« intentio » « intention ») ; *wesen* (« substantia » « substance » dans le sens aristotélicien de substance seconde). On notera que les interprètes sont d'accord en ce qui concerne la traduction de la plupart des termes, mais il y a des divergences significatives quand il s'agit d'interpréter la relation de l'esprit à Dieu, exprimée en termes de *meinenne gotes, in der meinunge*[3]. La vraie possession de Dieu « a lieu [*liget*] dans l'esprit et dans une conversion intérieure intellectuelle [*inniclîchen vernünftigen zuokêrenne*] et un entendement de Dieu [*meinenne gotes*] », ou un « entendre Dieu » qui ne consiste pas dans une pensée déterminée (*gedank*), mais plutôt dans la pensée pure de Dieu comme fondement de la pensée même. La dynamique de l'entendre comme conséquence de la conversion intérieure, et le dépassement de la pensée pensant à l'intuition de son fondement même qui en résulte,

1. Eckhart, *Reden*, chap. 6, DW V, p. 205.

2. *Id.*, *Traités*, trad. de L., p. 84.

3. On présuppose ici que le moyen haut allemand *meinunge* équivaut au latin « intentio », et qu'il a donc une signification noétique. C'est confirmé par L. Diefenbach, *Glossarium*, *op. cit.*, p. 303.

dévoilent les caractéristiques d'un processus qui se déroule au niveau de l'intellect, et dans lequel la volonté joue un rôle secondaire. Les traductions proposent une interprétation beaucoup moins « intellectualiste ». Quint parle d'un « geistiges Sich-Hinwenden und Streben zu Gott »[1]. Ancelet-Hustache mentionne une « intention intérieure et spirituelle dirigée vers Dieu »[2]; Jarczyk et Labarrière interprètent le *meinenne gotes* comme un « tendre vers Dieu »[3]; de Libera traduit : « se porte vers lui »[4]. L'impossibilité de « retenir dans l'entendement » (*in der meinunge ze habenne*) une unique pensée de Dieu devient l'impossibilité de « maintenir cette tension »[5] (Quint : « unmöglich zu erstreben »[6], Ancelet-Hustache et de Libera omettent le passage).

Ce que veut dire Eckhart lorsqu'il emploie l'expression *stæte anegedenkenne in einer glîche wîse*, que de Libera traduit subtilement : « penser de façon constante et égale », est moins clair. S'agit-il d'une allusion à la doctrine des degrés de la contemplation intellectuelle islamique, c'est-à-dire à l'*intellectus adeptus* d'origine averroïste et albertiste[7] ? On sait qu'Eckhart prend explicitement ses distances avec cette théorie[8]. Il note en tout cas que l'*angedenkenne* (le « penser ») humain est nécessairement transitoire et qu'il ne suffit donc pas à posséder Dieu. On pense en effet toujours une pensée après l'autre. Ce que l'homme doit rechercher est donc la présence durable et constante du *gewesenden got* qui est infiniment au-dessus de la pensée de l'homme et des créatures en tant qu'il est leur fondement. Donc : non pas « un Dieu pensé » mais « un Dieu de substance ». Il faut remarquer que le *gewesender Got* est en effet un « Dieu de substance » (*gewesend* est un gérondif et indique comme tel une permanence durable) mais que la possession de Dieu dépend, en dernière analyse, de la volonté du sujet : « ce Dieu-là ne passe pas, à moins que l'homme ne se

1. Quint dans DW V, p. 510.

2. Eckhart, *Sermons,* trad. AH.-M., p. 731.

3. *Id.*, *Les traités*, trad. J.-L., p. 60.

4. *Supra* p. 28, dans le texte cité.

5. Eckhart, *Les traités*, trad. J.-L., p. 60.

6. Quint, dans DW V, p. 510.

7. L. Sturlese, *Vernunft und Glück. Die Lehre vom « intellectus adeptus » und die mentale Glückseligkeit bei Albert dem Großen*, Münster, Aschendorff, 2005.

8. Eckhart, *In Ioh.*, n. 155, LW III, p. 128. Voir aussi *Pr.* 100* [Q 17] sur Avicenne et l'« intellectus sanctus », avec le commentaire dans G. Steer, L. Sturlese (Hrsg.), *Lectura Eckhardi. Predigten Meister Eckharts von Fachgelehrten gelesen und gedeutet*, t. I, Stuttgart, Kohlhammer, 1998, p. 91-96.

détourne volontairement de lui. » La volonté qui ne se détourne pas de Dieu est la « droite volonté ».

LE « REHT WILLE », C'EST-À-DIRE LA DROITE VOLONTÉ

Ce concept constitue l'un des thèmes du dixième chapitre, qu'Eckhart aborde au moyen d'une question spécifique, en s'adressant directement au lecteur :

> *Nû möhtest dû vragen, wanne der wille ein reht wille sî ?*
> *Dâ ist der wille ganz und reht, dâ er âne alle eigenschaft ist und dâ er sîn selbes ûzgegangen ist und in den willen gotes gebildet und geformieret ist [...] Und in dem willen vermaht dû alliu dinc, ez sî minne oder swaz dû wilt*[1].
> Mais, me demanderez-vous peut-être, quand donc une volonté est-elle une volonté droite ?
> La volonté est entière et droite quand elle a perdu toute propriété, quand elle est sortie d'elle-même et s'est reformée jusqu'à se modeler exactement sur la volonté de Dieu [...] Animés d'une telle volonté, vous pouvez tout, que ce soit l'amour ou ce que vous voudrez[2].

On se souviendra du troisième point du *Programme de prédication* : « wider îngebildet werden », « être ré-formé ». Il faut noter l'insistance d'Eckhart sur la qualification de *reht* (*reht wille, rehte gehorsam, got reht hân*). La norme du *reht*, nous l'avons dit, est l'intellect. Mais la seule direction de l'intellect, comme on l'a vu, ne suffit pas à avoir le « vrai amour de Dieu ». D'où la question : peut-on avoir l'amour de Dieu sans manifestations extérieures mystiques ?

1. Eckhart, *Reden*, chap. 10, DW V, p. 218.
2. *Id.*, *Traités*, trad. de L., p. 91.

MYSTIQUE ET MANIFESTATIONS EXTÉRIEURES

Eckhart vise directement le lecteur pour définir ici, sous la forme d'une question, son avis face à certaines positions caractéristiques de la tradition mystique chrétienne :

> *Nû vrâge : wie möhte ich dise minne gehaben, die wîle ich ir niht enpfinde noch gewar enwirde, als ich sihe an vil liuten, die bewîsent grôziu werk, und vinde an in grôze andâht und wunder, der ich niht enhân ?*
> *Hie solt dû zwei dinc merken, diu an der minne sint : daz ein ist ein wesen der minne, daz ander ist ein werk oder ein ûzbruch der minne. Des wesens der minne stat ist aleine in dem willen ; wer mêr willen hât, der hât ouch der minne mêr. Aber, wer es mêr habe, daz enweiz nieman von dem andern, daz liget verborgen in der sêle, die wîle got verborgen liget in dem grunde der sêle. Disiu minne liget alzemâle in dem willen ; wer mêr willen hât, der hât ouch mêr der minne. Nû ist ein anderz, daz ist ein ûzbruch und ein werk der minne. Daz schînet sêre als innicheit und andâht und jubilieren und enist alwege daz beste niht*[1].
> Comment pourrais-je avoir l'amour, demanderez-vous maintenant, alors que je ne le ressens point et ne m'en aperçois point ? Je le vois chez bien des gens. Ils ont accompli des actions d'éclat. Je leur vois beaucoup de dévotion et je les vois faire des miracles [des merveilles] que je n'accomplis pas[2].
> Il faut distinguer ici deux éléments de l'amour : d'une part, l'essence de l'amour, d'autre part, son opération, qui est la manifestation au dehors de cette essence de l'amour. Le siège [de l'essence] de l'amour est exclusivement dans la volonté; plus on a de volonté, plus on a d'amour. Quant à savoir qui en a le plus, personne ne pénètre dans la conscience d'autrui, le secret en est caché dans notre âme, parce que [aussi longtemps que] Dieu, lui aussi, est caché dans le fond de notre âme. Cet amour réside entièrement dans la volonté; plus cette volonté est forte, plus l'amour est grand. Mais il y a encore un second élément : c'est la manifestation, l'opération de l'amour. C'est quelque chose de très lumineux : un sentiment intime, un recueillement, une jubilatio, et ce n'est pourtant pas toujours [jamais] ce qu'il y a de meilleur[3].

Eckhart a réfléchi à plusieurs reprises sur la question du rapport entre les manifestations mystiques externes et la substance de l'amour de Dieu[4]. Face à une tradition qui parle d'« actions d'éclat », de « beaucoup de

1. Eckhart, *Reden*, chap. 10, DW V, p. 218-219.
2. *Id.*, *Traités*, trad. de L., p. 91.
3. *Ibid.*
4. Voir *infra*, p. 77-78.

dévotion », de « merveilles », de « sentiment intime, recueillement, *jubilatio* », de « goût et douceur », Eckhart vise la substance. Sa réponse distingue deux moments dans l'amour de Dieu : d'un côté, son « lieu » essentiel (dans les profondeurs de l'âme); de l'autre, ses manifestations extérieures, les « actions d'éclat ». Ici, la question est centrée sur la possibilité de remonter des effects accidentels (*werk der minne*) à la substance (*wesen der minne*) et la réponse est négative. Les « actions d'éclat », qui semblent témoigner de la qualité de l'état exceptionnel du mystique, ne révèlent en effet rien de la substance de l'amour de Dieu, qui demeure dans le secret du fond de l'âme, dissimulé à tout observateur extérieur. Le refus de prendre en considération les états extraordinaires nous semble beaucoup plus prononcé que ne le suggère la traduction de Libera. En fait, Eckhart écrit de l'opération de l'amour que « c'est quelque chose de très lumineux » mais que « ce n'est pourtant *jamais* ce qu'il y a de meilleur » : ce *jamais* (*alwege*) est ici très tranchant, et ce tranchant ne peut être atténué en traduisant *alwege* par *pas toujours*, comme le fait Libera[1].

Eckhart donne une motivation de son scepticisme à propos des signes extérieurs de l'amour de Dieu :

> *wan ez enist etwenne von minne niht, sonder ez kumet von natûre etwenne, daz man solchen smak und süezicheit hât, oder ez mac des himels îndruk sîn, oder ez mac sinnelich îngetragen sîn. Und die des mêr hânt, daz ensint alwege die aller besten niht*[2].
>
> En effet, ce n'est pas toujours l'amour, c'est parfois la nature qui nous fait goûter tant de douceur; ce peut être aussi bien une impression du ciel qu'un apport des sens; et ceux qui éprouvent cela le plus ne sont pas toujours [jamais] les meilleurs[3].

L'expérience de la « douceur » peut avoir des causes multiples et cela rend sa provenance, d'une certaine manière, incertaine. Elle peut bien sûr accompagner le véritable amour de Dieu, mais elle peut aussi avoir une origine naturelle (*von natûre*), dériver des influences célestes (*des himels îndruk sîn*) et aussi dépendre de la sensibilité (*oder ez mac sinnelich îngetragen sîn*). Il s'agit donc d'un cas typique où le dernier mot reviendrait à la « discretio » de l'intellect, mais il est intéressant de voir comment la possibilité que la « douceur » soit une illusion démoniaque attribuable à une

1. Voir *Traités*, trad. de L., p. 91. Quint traduit : « und ist dennoch allwegs das Beste nicht » (DW V, p. 514).

2. Eckhart, *Reden*, chap. 10, DW V, p. 219.

3. *Id.*, *Traités*, trad. de L., p. 91.

tentation du diable est complètemente absente de l'horizon d'Eckhart. Les mystiques des siècles suivants seront généralement d'un autre avis, beaucoup moins optimiste.

La conclusion est en tout cas conforme à celle de la question précédente : l'expérience de cette douceur n'est jamais (*alwege*) la marque de la perfection.

Le texte s'achève par le passage bien connu suivant lequel

> quelqu'un serait-il dans le ravissement comme jadis saint Paul, s'il apprenait qu'un infirme a besoin d'un peu de soupe qu'il pourrait lui donner, j'estime qu'il ferait bien mieux de renoncer à son ravissement et de servir l'indigent avec plus d'amour[1].

C'est encore une fois la volonté, qui occupe le devant de la scène.

ACTIONS D'ÉCLAT ET EXPÉRIENCE DE LA DOUCEUR

On pourrait esquisser un bilan des réflexions jusqu'ici formulées, en concluant que, pour ce qui concerne les signes extérieurs de l'expérience mystique (des « actions d'éclat » au « jubilus »), on n'a pas de raison de mettre en doute leur existence mais qu'il s'agit tout de même de signes accidentels ambigus sur lesquels on ne peut s'appuyer pour évaluer la substance et la portée du phénomène. Il faut donc évidemment s'abstenir de juger sur cette base de la réalité d'une expérience mystique dans un sens positif ou négatif, et il faut éviter d'accorder du crédit à ces signes.

Les deux questions qui suivent ajoutent deux éléments à l'évaluation négative des signes extérieurs de la mystique :

– premièrement, ils n'ont pas d'importance ;

– deuxièmement, le fait de se concentrer sur leur caractère exceptionnel détourne l'attention du vrai problème de l'amour de Dieu, qui ne se trouve pas dans des moments ponctuels exceptionnels, mais s'exerce au travers d'une habituation à la « séparation » (*abegescheidenheit*).

Sur le premier point, on se reportera à la question suivante :

> *Ein vrâge : sol man sich ouch gotes süezicheit williclîche erwegen ? Enmac daz denne niht ouch wol komen von trâcheit und von kleiner minne ze im ?*
> *Jâ, harte wol âne daz bekennen des underscheides. Wan, ez kome von trâcheit oder von wârer abegescheidenheit oder von gelâzenheit, sô sol*

1. Eckhart, *Reden*, chap. 10, DW V, p. 221 ; *Traités*, trad. de L., p. 92.

man merken, ob man sich hier inne vindet, als man sô gar von innen gelâzen ist daz man denne gote als getriuwe ist, als man in dem grœsten enpfindenne wære, daz man hier inne allez daz tuo, daz man dâ hæte, und niht minner, und daz man sich als abegescheidenlîche halte von allem trôste und helfunge, als man tæte, sô man gegenwerticlîchen got enpfünde [1].

Une question : doit-on renoncer également, de propos délibéré, à toute jouissance agréable [douceur] venant de Dieu ? Ne serions-nous pas portés à ce renoncement, en effet, par notre paresse ou le peu d'amour que nous avons pour Dieu ?

Sans doute, si l'on n'y voit pas de différence. Que la cause en soit la paresse ou le véritable détachement [séparation] ou le délaissement, on peut toutefois le savoir : il faut se demander si, dans cet état de complet délaissement intérieur, l'on reste tout aussi fidèle à Dieu que si l'on avait l'impression la plus absolue de sa présence ; il faut se demander si, dans cet état, l'on fait tout ce que l'on ferait en ce cas, ni plus ni moins ; bref, il faut se demander si l'on est aussi détaché [séparé] de toute consolation et de tout secours que si l'on sentait Dieu présent [2].

En somme, que l'on accepte ou que l'on renonce à la jouissance venant de Dieu n'a rien à voir avec la perfection spirituelle. Ce qui compte et qu'il faut exercer, c'est – comment on l'a déjà vu – seulement la séparation.

L'HABITUATION ET « LA VOLONTÉ ACCIDENTELLE »

Le refus des expériences exceptionnelles à l'avantage de l'habituation de l'amour de Dieu est clairement articulé dans la question suivante :

Ich spriche kurzlîchen von einem menschen, der wolte sêre gerne von unserm herren etwaz haben ; dâ sprach ich : si enwære niht wol bereit, und gæbe ir got die gâbe alsô unbereit, sô sölte si verderben.

Ein vrâge : war umbe was si niht bereit ? Si hâte doch einen guoten willen, wan ir sprechet, daz ér alliu dinc vermüge und in dem alliu dinc und volkomenheit lige ?

Daz ist wâr. Ez sint zwêne sinne ze nemenne an dem willen : der ein ist ein zuovallender wille und ein ungewesenter wille, der ander ist ein zuoverhengender wille und machender wille und ein gewenter wille. Triuwen, des enist niht genuoc, daz des menschen gemüete abegescheiden sî in einem

1. Eckhart, *Reden*, chap. 21, DW V, p. 283-284.
2. *Id.*, *Traités*, trad. de L., p. 117.

> *gegenwertigen puncten, als man sich gote vüegen wil, sunder man muoz eine wolgeüebete abegescheidenheit haben, diu vor- und nâchgânde sî*[1].
>
> Je ferai ici allusion à quelqu'un qui désirait grandement obtenir quelque grâce de Notre-Seigneur. Je lui fis remarquer qu'elle [!] n'était guère préparée et que, si Dieu lui donnait satisfaction malgré ce manque de préparation, ce serait sa propre perte à elle.
>
> Vous me demandez : pourquoi n'était-elle pas préparée ? Sa volonté, pourtant, était bonne. Ne dites-vous pas que la bonne volonté peut tout et que toutes choses et toute perfection y sont incluses ?
>
> C'est exact. Mais il faut distinguer dans la volonté deux significations : il y a une volonté accidentelle, non essentielle, et il y a une volonté décisive, effective et habituelle. Il ne suffit pas, en vérité, que notre esprit soit détaché [séparé] de tout ponctuellement, au moment où nous voulons nous soumettre à Dieu ; il faut, au contraire, avoir un détachement longuement exercé [une séparation bien exercée], qui existait antérieurement déjà et qui continuera d'exister par la suite[2].

On a déjà observé qu'Eckhart utilise le pronom féminin « elle » (*si*) et fait ici la référence au cas d'une *femme* pieuse (« qui n'était guère préparée »). Le texte ne permet pas de tirer de conclusions à propos de la composition du public des *Discours*, car la femme pieuse n'en fait pas partie. Il s'agit à notre connaissance du seul cas où la détermination de genre (féminin ou masculin) n'est pas effacée par l'habitude eckhartienne de toujours rapporter ses réflexions au *mensch*, qui inclut (comme ce serait le cas du français *personne*, de l'italien *persona*) homme et femme indifféremment. Il en va de même de l'expression neutre *kinder* (« fils spirituels »), par laquelle Eckhart s'adresse à son auditoire sans nous permettre d'en déterminer la composition en termes de genre.

La réponse à la question souligne que la continuité d'une « séparation bien exercée » est bien plus importante qu'une expérience ponctuelle et extraordinaire.

1. Eckhart, *Reden*, chap. 21, DW V, p. 279-280.
2. *Id.*, *Traités*, trad. de L., p. 115-116.

UNE QUESTION À PROPOS DE LA PRÉDESTINATION ET DE LA LIBERTÉ

D'autres questions réapparaissent vers la fin du traité. Dans le chapitre 22, Maître Eckhart introduit peut-être une question véritablement « historique » de son auditoire erfurtien :

> *Dô wart gevrâget, war umbe denne got niht ennæme die liute, die er kennet, daz sie ûz der gnâde des toufes sölten vallen, daz sie stürben in ir kintheit, ê daz sie ze ir bescheidenheit kæmen, wan er von in erkennet, daz sie sölten vallen und niht wider ûfstân – daz wære ir bestez ?*
> *Dô sprach ich : got enist niht ein zerstœrer deheines guotes, sunder er ist ein volbringer! Got enist niht ein zerstœrer der natûre, sunder er ist ein volbringer. Ouch diu gnâde enzerstœret die natûre niht, si volbringet sie. […] Der mensche hât einen vrîen willen, dâ mite er gekiesen mac guot und übel […]*[1].
> On demanda alors : pourquoi Dieu, qui sait déjà à l'avance ceux qui perdront la grâce du baptême, ne les appelle-t-Il pas à Lui quand ils ne sont pas encore arrivés à l'âge de raison? Ne sait-Il pas, en effet, qu'ils tomberont et ne se relèveront pas ? Cela ne vaudrait-il pas mieux pour eux ?
> À cela je répondis : Dieu n'est pas un destructeur du bien, c'est un accomplisseur. Dieu n'est pas un destructeur de la nature, Il l'accomplit. La grâce non plus ne détruit pas la nature, elle l'achève au mieux […] L'homme a une volonté libre, pour qu'il puisse choisir et reconnaître le bien ou le mal […][2].

Ici, la question découle d'une représentation naïve de la prédestination couplée d'un paternalisme anthropomorphique tout aussi crédule : Dieu connaît à l'avance ceux qui seront damnés et il semblerait donc préférable qu'il leur assure la vie éternelle en les faisant mourir avant qu'ils ne puissent pécher. La question, dans toute sa naïveté, donne à Eckhart la possibilité d'expliciter deux positions qui sont pour lui fondamentales : 1) la liberté est la condition irrépressible et constitutive de l'être humain; 2) la grâce a la puissance de perfectionner la nature, pas de la détruire : *gratia perficit naturam*. Ce sont deux thèmes qui reviendront dans les sermons.

1. Eckhart, *Reden*, chap. 22, DW V, p. 288.
2. *Id.*, *Traités*, trad. de L., p. 119.

LES ŒUVRES DE COOPÉRATION AVEC DIEU

Les deux questions suivantes, que l'on trouve dans le chapitre 23, et par lesquelles nous conclurons notre enquête sur les *Entretiens*, sont plus subtiles que la précédente.

Dans ce chapitre, Eckhart aborde la question « des œuvres intérieures et extérieures » et donne une (re)formulation de l'ancienne doctrine de la coopération (*mitewürken*) avec Dieu :

> *Nû vrâge : wie sol man daz mitewürken gehaben, dâ der mensche im selben und allen werken entvallen ist und – als sant Dionysius sprach : der sprichet aller schœneste von gote, der von der vülle des inwendigen rîchtuomes allermeist kan von im geswîgen – dâ sô entsinkent bilde und werk, der lop und der dank, oder swaz er gewürken möhte ?*
> *Ein antwurt : éin werk blîbet im billîchen und eigenlîchen doch, daz ist : ein vernihten sîn selbes. Doch ist daz vernihten und verkleinen niemer sô grôz sîn selbes, got envolbringe ouch daz selbe in im selber, sô gebrichet im. Danne ist diu dêmüeticheit allerêrst genuoc volkomen, als got den menschen dêmüetiget mit dem menschen selber, und dâ aleine genüeget den menschen und ouch der tugent und niht ê*[1].
> Tu demandes : comment l'homme peut-il y coopérer avec Dieu, s'il s'est dépris de lui-même et de toute activité ? Denys n'a-t-il pas dit : celui qui parle le mieux de Dieu, c'est celui qui, à cause de la plénitude de la richesse intérieure, peut se taire à son sujet. Car alors, image, opération, louange, gratitude ou autre action possible, tout cela s'évanouit[2].
> Réponse : une œuvre lui reste en toute justice et propriété – l'anéantissement de lui-même. Mais il ne réussira jamais à s'anéantir ou à se faire suffisamment petit que Dieu Lui-même ne doive terminer [accomplir] cela en lui ; sinon, ce sera imparfait. Car l'humilité n'est vraiment parfaite que si Dieu humilie l'homme par l'homme. C'est par cela seulement que l'homme reçoit satisfaction, et la vertu aussi ; pas avant[3].

Comme on le voit, la manière de coopérer avec Dieu est à chercher, chez Eckhart, dans l'humilité de l'anéantissement total. Le but de l'homme est l'anéantissement de soi, mais la réalisation de cet anéantissement ne

1. Eckhart, *Reden*, chap. 23, DW V, p. 292.

2. Il s'agit d'une référence « très lâche » (Eckhart, *Traités,* trad. de L, p. 196) à la « docti silentii caligo » de la *Théologie mystique*, 1, 1 du pseudo-Denys. Sur la présence de Denys dans l'œuvre d'Eckhart, voir E. Rubino, « Dâ von sprichet der liehte Dionysius : Eckhart e Dionigi Areopagita », *in* L. Sturlese (ed.), *Studi sulle fonti di Meister Eckhart*, I, Fribourg, Academic Press Fribourg, 2008, p. 113-134.

3. Eckhart, *Traités,* trad. de L., p. 121.

peut venir que de Dieu, qui doit humilier l'homme par l'homme lui-même. Nous avons à nouveau le couple volonté-absolue/volonté-déterminée, la volonté de Dieu et la volonté de l'homme.

La réponse (« Dieu humiliera l'homme par l'homme ») est sûrement perçue comme trop brutale, et contraire à l'Écriture qui promet l'élévation de celui qui s'abaisse (« celui qui s'abaisse sera élevé », Lc. 14, 11), d'où :

L'ANÉANTISSEMENT DE L'HOMME PAR L'HOMME

> *Ein vrâge : wie sol got den menschen ouch mit im selber vernihten ? Ez schînet, als daz vernihten des menschen wære gotes erhœhen, wan daz êwangelium sprichet : wer sich nidert, der sol erhœhet werden ?*
> *Antwurt : jâ und nein ! Er sol sich selber nidern, und daz selbe enmac niht genuoc sîn, got der entuo ez ; und er sol erhœhet werden, niht daz diz nidern einez sî und daz erhœhen ein anderz ; sunder diu hœhste hœhe der hôcheit liget in dem tiefen grunde der dêmüeticheit. [...] Und alsô wirt daz wort wâr und volbrâht des êwangelisten : wer sich nidert, der wirt erhœhet ! Wan allez unser wesen enliget an nihte dan in einem niht-werdenne*[1].
> Question : comment Dieu anéantirait-il l'homme [aussi] par lui-même ? Il semblerait plutôt que l'anéantissement de l'homme soit une élévation à Dieu. N'est-il pas dit dans l'Évangile : celui qui s'abaisse sera élevé ?
> Réponse : oui et non. Il doit s'abaisser lui-même, et c'est précisément ce qu'il ne peut faire complètement, à moins que Dieu ne le fasse. Et il sera élevé ! Non pas que cet abaissement soit une chose et l'élévation une autre ; au contraire, le plus haut point de l'élévation se trouve au plus profond de l'abaissement. [...] Et ainsi se vérifie et s'accomplit la parole de l'Évangéliste : Celui qui s'abaissera sera élevé. Car tout notre être ne tient à rien d'autre qu'à un devenir-rien[2].

Le *vernihten sîn selbes* est précisé ici comme un « devenir-rien » (*niht-werden*), dans lequel se fondent le véritable être et la vraie substance du sujet (!). On notera ici que la phrase peut être interprétée de deux façons : que notre être et notre substance « se fondent sur », « consistent dans », « ne sont rien d'autre qu' « un devenir-rien ; ou bien que le devenir-rien « nous fonde », nous et notre substance, dans l'être divin. Eckhart a bien répondu à la question ; on ne peut pas dire cependant que la clarté soit totale.

1. Eckhart, *Reden*, chap. 23, DW V, p. 292-293.
2. *Id.*, *Traités*, trad. de L., p. 121-122.

Ce qui est certain, c'est que le Maître travaille ici autour de questions qui l'occuperont toute sa vie. Il y a l'anéantissement de soi, il y a le thème de l'humilité dont il parlera à Paris [1], il y a la dialectique spirituelle de la montée et de la descente et ses formulations paradoxales :

> *Wan ie der grunt tiefer ist und niderr, ie ouch diu erhœhunge und diu hœhe hœher und unmæziger ist, und ie der brunne tiefer ist, ie er ouch hœher ist; diu hœhe und diu tiefe ist einez* [2].
> car plus l'abîme se creuse, plus haute, plus démesurée est l'élévation ou la hauteur; plus le puits est profond, plus il va haut : hauteur et profondeur ne font qu'un ! C'est pourquoi, plus quelqu'un peut s'abaisser, plus il est élevé [3].

Il s'agit d'une dialectique qu'Eckhart renversera radicalement en forgeant la formule étonnante de « Dieu abaissé, détrôné », *enthœhet got* [4].

QUELQUES CONCLUSIONS

Nous pouvons tenter de tirer quelques conclusions de ce que nous avons dit jusqu'ici.

La recherche des « questions », des *vrâgen,* a mis en évidence des points importants dans les *Entretiens*. Plus particulièrement, dans les deux dernières questions, l'interlocuteur d'Eckhart apparaît comme le porte-parole de l'auditoire du Maître, dont les questions reflètent sans doute un sentiment largement répandu en son sein. L'idée de l'humilité comme option radicale en faveur de l'anéantissement total (*vernihten*), formulée par Eckhart, se heurte à un point de vue qui s'autorise du sens commun et d'une interprétation modérée de l'Écriture : « Humilie-toi, et tu seras élevé ». Il faut s'anéantir (*vernihten*), bien sûr… mais avec prudence. Le sens commun nous dit que, si l'on s'anéantissait totalement, il ne resterait alors rien qui pût être « exalté ». Eckhart présente ici ce fruit du sens commun et conteste sa légitimité en s'y opposant frontalement. Il renverse les termes de l'ontologie aristotélicienne, le lieu, l'être, le devenir, la relation, la diversité des termes différents. « Tout notre être n'est fondé en

1. Voir à ce propos Eckhart, *Sur l'humilité* [1988], trad. fr. et présentation A. de Libera, Paris, Arfuyen, 2005. Documentation dans L. Sturlese (ed.), *Acta Echardiana*, n. 37, LW V, p. 181.

2. *Id.*, *Reden*, chap. 23, DW V, p. 293.

3. *Id.*, *Traités,* trad. de L., p. 122.

4. *Id.*, *Pr.* 12* [Q 14], DW I, p. 237; trad. J.-L., p. 175; trad. de L., p. 308-309.

rien d'autre que dans l'anéantissement». L'être – fondé sur le rien! Ici parle une logique différente de celle d'Aristote: ce n'est pas la logique catégorielle de l'*Organon* mais la logique des substances intellectuelles et séparées. Dans l'univers de l'intellect, le petit est grand, la profondeur est la hauteur et la hauteur est la profondeur, le silence est la parole, le localisé est dans le lieu et le lieu est dans le localisé [1].

Nous avons plaidé il y a plusieurs années en faveur du caractère philosophique des *Entretiens* et constatons avec satisfaction que cette thèse est aujourd'hui partagée par la critique [2]. Néanmoins, nous nous devons de dire que nous ne comprenons pas pourquoi Kurt Flasch a indiqué que les *Entretiens* constituaient un écrit « sans ambitions spéculatives » [3]. En fait, on y trouve des positions qui annoncent une doctrine complexe et articulée mais cette doctrine n'y est pas explicitée.

La *séparation* est, déjà au niveau des *Entretiens*, le point de départ d'un chemin de perfection spirituelle dont le cœur est essentiellement la réflexion à propos de ce que nous appellerons la « loi du devoir de Dieu » [4] et qu'A. de Libera a appelé la « loi d'échange ou de compensation réciproque » [5]. Selon cette loi :

> Si l'homme sort de lui-même, Dieu *doit nécessairement* entrer en lui [*wider îngân*, réentrer]; pour celui qui ne veut rien pour lui-même, Dieu *doit* vouloir de la même manière que pour lui-même [6].

Dieu doit vouloir... Tout dépend de la volonté : l'intellect joue son rôle mais il s'agit d'un contrôle, de la certification du *reht willen* par l'intellect (Eckhart parle d'un *vernünftigez mitewizzen*, « conscientia », « conscience intellectuelle ») [7].

1. *Cf.* un passage fondamental du Maître à ce propos dans Eckhart, *Pr.* 87* [Q 16a], DW I, p. 257-260, J.-L., p. 184-185. *Cf.* un commentaire de ce passage dans L. Sturlese, *Eckhart, Tauler, Suso. Filosofi e mistici nella Germania medievale*, Firenze, Le Lettere, 2010, p. 52-72.

2. L. Sturlese, *Eckhart, Tauler, Suso*, *op. cit.*, p. 14-20.

3. K. Flasch, *Das philosophische Denken im Mittelalter*, Stuttgart, Reclam, 1986, p. 408.

4. L. Sturlese, « Le prediche tedesche di Meister Eckhart », *in* Eckhart, *Le 64 prediche*, *op. cit.*, p. LXII-LXXIII.

5. Eckhart, *Traités*, trad. de L., p. 40.

6. *Id.*, *Rede*, c. 1, DW V, p. 187 : « Swâ der mensche in gehôrsame des sînen ûzgât und sich des sînen erwiget, dâ an dem selben muoz got von nôt wider îngân ; wan sô einez im selber niht enwil, dem muoz got wellen glîcher wîs als im selber ».

7. *Ibid.*, c. 7, DW V, p. 211 ; tr. de L, p. 87 et n. 27, p. 191.

La volonté est considérée à partir de deux points de vue : il y a d'une part la volonté absolue de Dieu, la Bonté (dans un certain sens il s'agit de la *séparation*, de l'*abegescheidenheit* de Dieu), c'est-à-dire la Bonté essentielle et immuable, qui semble être une sorte de dimension morale qui imprègne tout et dans laquelle toute réalité a sa place et sa raison. Et cela vaut en particulier pour l'homme, qui se caractérise comme sujet moral, en tant que titulaire d'une volonté libre. Pour ceux qui connaissent la doctrine de la double providence de Dietrich de Freiberg, on pourra identifier cette « dimension » à la « providence volontaire » de Dietrich[1].

D'autre part, il y a la volonté individuelle, caractérisée par la recherche de son « propre » (*eigen*), de l'« ici » et du « maintenant » et donc transitoire, mutable et accidentelle, qu'Eckhart oppose radicalement à la volonté absolue de Dieu. Elle ressemble à une sorte de « résistance » et d'« affirmation de soi » (*eigen*), de « revendication de l'autonomie », par la prise de distance et l'opposition à la volonté de Dieu, et ceci même dans le cas où le sujet veut, par sa volonté propre, ce qui est bon et donc conforme à la volonté divine. En fait, Eckhart rejette l'idée thomiste[2] que la bonté de la volonté dépend de sa conformité avec la volonté de Dieu. La volonté propre est par définition opposée à la volonté de Dieu.

Eckhart ne dit pas pourquoi mais nous estimons que cette position ne peut être comprise qu'en acceptant une idée fondamentale, à savoir que toute forme de vouloir déterminé, en tant que tel, est une tromperie de soi-même et une tentative illégitime de s'approprier ce qui tout simplement n'est pas et ne peut pas être. Vouloir la détermination est équivalent à vouloir l'autonomie et équivaut à s'opposer à la volonté absolue de Dieu. Plus l'on pose de détermination, plus s'agrandit l'opposition à Dieu. À l'inverse, plus on dénie sa propre volonté déterminée (anéantissement), plus Dieu « regagne » (*wider îngân*) son propre espace en l'homme.

On a ici une nouvelle et une profonde lecture de l'idée traditionnelle de l'*exstasis*[3] dans le sens de la « loi du devoir de Dieu » (*des sînen ûsgân / got muoz von nôt wider îngân*) ou bien comme une application d'une « loi métaphysique » qui voit l'indéterminé et le déterminé comme un couple d'opposés qui s'excluent mutuellement.

1. Voir L. Sturlese, *Storia della filosofia tedesca nel Medioevo. Il secolo XIII*, Firenze, Olschki, 1996, p. 179-180 et p. 204-211.

2. Thomas d'Aquin, *Summa theol.*, I-II, q. 19, a. 9, p. 647.

3. Eckhart, *Traités*, trad. de L., p. 185.

Les thèmes qu'Eckhart affronte dans les *Entretiens d'Erfurt* sont, comme nous l'avons vu, des thèmes anciens : l'*exstasis*, l'*unio voluntatum*, la providence. C'est une doctrine profonde et originale qui mûrit dans ce texte. Mais cela ne transparaît pour le moment que dans des formulations aussi suggestives que métaphoriques. Nous verrons dans le prochain chapitre, en examinant les blocs successifs de « questions », la façon dont Eckhart réfléchira sur ses positions doctrinales.

CHAPITRE II

QUESTIONS À NOËL ET À L'ÉPIPHANIE
LA GÉNÉRATION DU FILS DANS L'ÂME

LES 24 QUESTIONS DU « CYCLE DE LA GÉNÉRATION ÉTERNELLE »

Nous avons quitté Eckhart lorsqu'il était aux prises avec l'anéantissement de la volonté (l'*abegescheidenheit*) et nous avons reconnu le fondement de sa position dans l'idée selon laquelle la volonté déterminée, en tant que déterminée, est toujours mauvaise, c'est-à-dire toujours une négation de la volonté de Dieu. Nous avons vu que ses textes constituaient une relecture de l'*exstasis* dionysienne et de la mystique de l'*unio voluntatum* (l'union des volontés divine et humaine). Mais ne s'agit-il que de mettre du vin nouveau dans de vieilles outres ? En fait, il faut à notre avis aborder la question du rapport d'Eckhart avec la tradition (et surtout avec la tradition patristique) en tenant compte du fait que, s'il reprend souvent des thèmes anciens, qui font désormais partie de l'expérience religieuse quotidienne, c'est pour les étudier, les analyser et souvent pour les renverser complètement, comme nous l'avons vu faire au sujet de l'obéissance au début des *Entretiens*, lorsque la réflexion sur le précepte de l'obéissance au supérieur du couvent a conduit à une révision radicale de la notion d'obéissance en général jusqu'à aboutir au théorème de l'*abegescheidenheit* et du « devoir de Dieu ».

Certes, la formulation de ce théorème dans le sens de l'anéantissement de la volonté cache en soi un certain nombre de problèmes. Quel est en fait l'horizon métaphysique et ontologique dans lequel va s'inscrire la volonté anéantie ? Et comment cette position se rapporte-t-elle aux thèmes célèbres du *Programme de prédication* (*Predigtprogramm*)[1] qui, rappelons-le, semble suggérer un chemin où la séparation (l'*abegescheidenheit*) est bien sûr le point de départ mais va ensuite se développer à travers plusieurs étapes différentes, autrement dit à travers le *sich wider înbilden* (« se retransformer ») dans la bonté, la découverte de la noblesse dans l'âme et enfin la divinité indicible ?

Ces dernières questions – *sich wider înbilden*, la « noblesse de l'âme » et la « divinité indicible » – n'apparaissent pas dans les *Entretiens*. Dans ce premier travail, la terminologie paraît encore incertaine, il semble qu'Eckhart soit encore en train de la définir. Par exemple, un terme comme *grund* (« fond » ou « fondement »), qui occupe dans sa pensée une place tout à fait centrale, n'apparaît ici que très rarement et dans un sens non technique. Pour prendre un autre exemple, un terme aussi central que *înbilden* (qui apparaît également, comme nous l'avons vu, dans le *Programme de prédication*) n'apparaît ici qu'une seule fois et dans une formulation assez incertaine[2], Eckhart préférant exprimer ce concept en usant de termes qui lui demeureront attachés en propre dans son vocabulaire : *in den willen gotes gebildet und geformieret* – à noter que dans ce cas, la transformation réside dans le *willen gotes,* dans la *volonté* de Dieu.

Si, d'un côté, nous insistons ainsi sur la volonté, nous ne voulons pas, de l'autre, suggérer qu'Eckhart soit un « volontariste ». La volonté dont il parle est sans doute la volonté « foncière » d'Augustin, qui prend place au sein de la trinité de l'esprit aux côtés de la mémoire et de l'intelligence, comme l'un des constituants de la « substance » (*wesen*) ou du « fond/fondement » (*grunt*) de l'âme. Mais, si cela est vrai, il faut également bien dire qu'Eckhart ne l'explicite pas. Il pourrait le dire mais il ne le dit pas.

En effet, dans les *Entretiens*, il ne dit rien sur l'image divine dans l'homme; il ne dit rien de la génération du Fils dans l'âme; et même le thème classique de l'homme inscrit dans un horizon qui se déploie entre l'éternité et le temps n'apparaît pas dans cet écrit. Il semblerait que, dans les *Entretiens*, non seulement les instruments de la terminologie et de la

1. Voir *supra* p. 12-13.

2. Eckhart, *Reden*, chap. 10, DW V, p. 218 ; voir *supra* p. 14-15.

pensée d'Eckhart soient encore en cours de formation – et peut-être même pas encore en dialogue avec les positions exprimées par Dietrich de Freiberg dans ses écrits sur l'intellect[1] –; mais encore que ce qui manque ici réellement, ce soit la réflexion sur l'horizon métaphysique et ontologique au sein duquel il faut étudier le rapport entre Dieu et l'homme. Ce sera la réflexion sur l'intellect, *vernunfticheit*.

Mais procédons par ordre, en examinant le bloc suivant de *vrâgen* et leurs *antworten* respectives. On en trouve un grand nombre (on peut en compter 24) dans le « cycle de l'*êwige geburt* », ou cycle « de la génération éternelle ». Ce sont là les textes que nous allons maintenant commenter.

LE CYCLE DE NOËL ET LA GÉNÉRATION DU FILS

La première édition des œuvres allemandes d'Eckhart, publiée en 1857 par Franz Pfeiffer[2], s'ouvre sur quatre longs sermons qui constituèrent longtemps un point d'interrogation pour la recherche.

Ces sermons ont beaucoup en commun: présentés ensemble dans plusieurs manuscrits, ils sont liés entre eux du point de vue thématique et du point de vue liturgique, puisqu'ils se réfèrent à la brève période qui va du dimanche de l'octave de Noël au dimanche de l'octave de l'Épiphanie.

À partir de la publication de l'édition critique des quatre sermons dans le quatrième volume des *Deutsche Werke*[3], on a beaucoup travaillé sur ces textes, à travers des thèses de doctorat et des articles spécifiques[4]. Ce bloc de textes est connu dans la littérature sous le nom de «cycle de la

1. À propos de la chronologie de ce rapport, voir L. Sturlese, «Hat Meister Eckhart Dietrich von Freiberg gelesen? Die Lehre vom Bild und von den göttlichen Vollkommenheiten in Eckharts Expositio libri Genesis und Dietrich De visione beatifica», *in* J. Biard, D. Calma, R. Imbach (éd.), *Recherches sur Dietrich de Freiberg*, Turnhout, Brepols, 2009, p. 11-37.

2. Eckhart, *Predigten, Traktate*, éd. F. Pfeiffer, Leipzig, Göschen, 1857 ; réimpr. Aalen, Scientia Verlag, 1962, p. 3-30.

3. G. Steer (éd.), DW IV, p. 279-610.

4. R. Guerizoli, *Die Verinnerlichung des Göttlichen. Eine Studie über den Gottesgeburtszyklus und die Armutspredigt Meister Eckharts*, Leiden, Brill, 2006; C. F. Mösch, *« Daz disiu Geburt geschehe ». Meister Eckharts Predigtzyklus Von der êwigen geburt und Johannes Taulers Predigten zum Weihnachtsfestkreis*, Fribourg, Academic Press, 2006; G. Steer, « Die Schriften Meister Eckharts in den Handschriften des Mittelalters », *in* H.-J. Schiewer, K. Stackmann (Hrsg.), *Die Präsenz des Mittelalters in seinen Handschriften*, Tübingen, Niemeyer, 2002, p. 211.

génération éternelle», selon une indication de Georg Steer («Predigtzyklus "Von der ewigen Geburt"»)[1], qui s'appuie sur la thématique traitée dans les quatre textes et sur leur tradition manuscrite commune.

Selon Steer, ces sermons ont été composés en même temps que les *Entretiens* d'Erfurt, donc peu avant la fin du XIIIe siècle[2]. Ces quatre sermons nous intéressent particulièrement ici parce qu'ils contiennent un concentré de *vrâgen*, de questions, du type de celles que nous sommes en train d'examiner. On peut en compter vingt-quatre, ce qui est un *unicum* dans la production littéraire eckhartienne et renforce l'idée d'une inspiration unitaire de ces sermons (peut-être faut-il ajouter à ce bloc le texte 119* [S 105], qui semble être un fragment)[3]. Pour notre recherche, ces sermons sont une véritable mine d'or.

Mais voyons plus précisément de quoi il s'agit.

Les thèmes liturgiques des quatre sermons sont différents mais, dans l'ensemble des quatre cas, Eckhart affronte – comme il nous le dit lui-même – toujours la même question : celle de « la génération éternelle » :

> *von der êwigen geburt, die got der vater hât geborn und gebirt âne underlâz in êwicheit, daz diu selbe geburt nû ist geborn in der zît in menschlîcher natûre*[4].
>
> la naissance éternelle [la génération éternelle] que Dieu le Père a engendrée et qu'il engendre sans cesse dans l'éternité, de telle sorte que cette même naissance [génération] soit engendrée maintenant dans le temps, à l'intérieur de la nature humaine[5].

1. G. Steer, « Kommentar zu Pred. 101 », *in* G. Steer, L. Sturlese (Hrsg.), *Lectura Eckhardi*, *op. cit.*, t. I, p. 262-288; Eckhart, DW IV, p. 320. Selon Steer, les quatre sermons faisaient partie d'une ancienne anthologie dans laquelle ils étaient précédés par le sermon Q 1 et suivis des sermons S 105 et Q 2 (voir DW IV, p. 319-320).

2. G. Steer, « Meister Eckharts Predigtzyklus *von der êwigen geburt*. Mutmaßungen über die Zeit seiner Entstehung », *in* W. Haug, W. Schneider-Lastin (Hrsg.), *Deutsche Mystik im abendländischen Zusammenhang*, Tübingen, Niemeyer, 2000, p. 253-281.

3. Eckhart, Pr. 119* [S 105], DW IV, p. 633-654; il s'agit d'un texte sans thème liturgique qui commence ainsi « Ich hân gesprochen in einer predige » et examine la question de la manière dont les bonnes œuvres accomplies dans le péché mortel « peuvent revenir à nouveau à la vie avec le temps dans lequel elles ont été accomplies » (*Sermons*, trad. AH.-M., p. 709).

4. *Id.*, *Pr.* 9* [S 101], DW IV, p. 335.

5. On utilisera dans ce chapitre comme traduction de référence celle d'É. Mangin dans Eckhart, *Sermons*, trad. AH.-M., ici p. 95, qui est la seule disponible, la traduction de Jarczyk et Labarrière s'arrêtant à la *Pr.* DW IV, n° 90. Mangin a publié la version des Sermons 87-105 Steer en un volume séparé : Eckhart, *Le Silence et le Verbe, Sermons 87-105*, présentation et

La traduction de Mangin : *geburt* = « naissance » suggère ici qu'il est question d'un événement historique dans le temps (naissance lors d'un jour et d'une heure spécifique) – malgré la correction effectuée par la suite, qui précise qu'il n'y a pas seulement une « naissance dans le temps » mais aussi une « naissance éternelle ». Mais Eckhart parle de *geburt*, en utilisant un terme qui signifie tant la génération au sens de processus d'engendrement que le produit de ce processus, c'est-à-dire l'*engendré*[1]. On parle en italien de « parto prematuro » mais aussi, par métonymie, de « parto della fantasia », tandis qu'on distingue en français l'« accouchement prématuré » de la « création de l'imagination ». En latin, on parle également de *partus* comme accouchement (« in partu perierat » = elle est morte en couches) et de *partus* comme engendré (« ferae partus suos diligunt » = les animaux aiment leurs engendrés, leurs petits). Eckhart utilise la figure étymologique : « êwige geburt, die der vater geborn hat » et Mangin traduit : « la naissance éternelle que Dieu le Père a engendrée » (on voit la difficulté de l'expression « engendrer la naissance »). En effet, *geburt* signifie ici « engendré, né » et non pas : « naissance ». On a cependant des parallèles textuels où le sens de *geburt* va glisser vers la « processualité » :

> *disiu êwige geburt geschihet in der sêle in aller der wîse, als si geschihet in der êwicheit, noch minner noch mê, wan ez ist éiniu geburt. Und disiu geburt geschihet in dem wesene und in dem grunde der sêle*[2].
> cette naissance éternelle se produit [a lieu] dans l'âme [exactement] comme elle se produit [a lieu] dans l'éternité, ni plus ni moins; [car] c'est une unique naissance [un unique engendré ?]. Et elle [Cet engendré] se produit dans l'être [dans la substance] et dans le fond de l'âme[3].

> *ze unser rede, die wir ze sprechenne hân von der êwigen geburt, diu zîtlich ist worden und noch tegelîche geborn wirt in der sêle innerstem und in irm grunde âne allen zuoval. Wer dirre geburt sol gewar werden, in im « des ist vor allen dingen nôt, daz er in den dingen sî, diu des vaters sint »*[4].
> l'enseignement que nous avons à prononcer à propos de la naissance [génération] éternelle qui est advenue dans le temps [zîtlich worden] et qui naît encore chaque jour dans le plus intime de l'âme et dans son fond, loin de toute contingence [âne allen zuoval : contraposition substance-accidents].

trad. fr. É. Mangin, Paris, Seuil, 2012. Les propositions de traduction alternative entre crochets carrés sont toujours les nôtres.

1. Sur cette signification voir G. Steer, « Kommentar zu Pred. 101 », art. cit., p. 279-288.
2. Eckhart, *Pr.* 13* [S 102], DW IV, p. 407.
3. *Id.*, *Sermons*, trad. AH.-M., p. 118.
4. *Id.*, *Pr.* 16* [S 104], DW IV, p. 566.

> Celui en qui cette naissance doit advenir, "il faut par-dessus tout qu'il soit aux choses qui sont du Père" [mais l'original dit : Wer dirre geburt sol gewar werden in im, donc plutôt : « celui qui doit prendre conscience de cet engendré en soi-même », etc.] [1].

Rappelons-nous : dans les *Entretiens* d'Erfurt, Eckhart a adopté le point de départ d'un donné de la conscience quotidienne attenant au domaine religieux conventuel (l'obéissance), pour s'interroger sur sa *véritable* substance, c'est-à-dire sur son fondement (à savoir la séparation, l'*abegescheidenheit*). Nous sommes maintenant dans l'Octave de Noël, on vient de fêter l'anniversaire de la naissance historique, de l'incarnation du Christ. Dans ces quatre sermons, Eckhart prend comme point de départ un élément tout aussi fondamental de la conscience religieuse, l'événement central de la liturgie annuelle, Noël (= la Nativité), pour s'interroger sur ce qu'est la substance de l'incarnation, la *vérité* de la « génération » du Christ. Il s'agit évidemment en premier lieu de la génération de la Parole du Père dans la substance de Dieu, une génération qui est éternelle, originelle et qui fonde sur la Parole toute la réalité créée dans son propre ordre et ses lois naturelles. Mais la génération trinitaire a également selon Eckhart un rôle fondateur en ce qui concerne l'homme, puisqu'il en constitue le principe essentiel et vital caché dans la profondeur de la substance de l'âme. Montrer (ou bien : dé-montrer) cela, c'est l'objectif des quatre sermons.

Nous avons dit que la génération divine était le principe fondateur de la vie de l'homme : il faut cependant le démontrer, étant donné que la conscience commune n'en sait absolument rien. Et c'est de cela – nous dit Eckhart – que nous devons « prendre conscience », *gewar werden*.

LE PREMIER SERMON : LE SILENCE DES IMAGES ET LE FOND, LA SUBSTANCE DE L'ÂME

Or démontrer cela n'a rien d'une entreprise facile, cela revient en effet à violer le donné universel de l'expérience quotidienne, qui nous rappelle à notre dépendance par rapport à la sensibilité et à notre soumission à la domination du monde extérieur. Eckhart en a pour sa part parfaitement conscience, et c'est ainsi qu'il met en scène un interlocuteur qui vit sa vie (spirituelle) sur le seul fondement – pour utiliser une expression du Pseudo-Denys l'Aréopagite – des « choses qui existent » (Denys parle de

1. Eckhart, *Sermons*, trad. AH.-M., p. 147.

ceux qui s'appuient seulement sur la réalité sensible, *in existentibus sunt firmati*). Ces gens-là ne connaissent ni « mot occulte » ni « silence », et moins encore de « génération ».

De là, la première *vrâge*[1] :

> *Ach, herre, wâ ist daz swîgen und wâ ist diu stat, dâ diz wort îngesprochen wirt*[2] *?*
> Ah Seigneur, où est le silence, et où est le lieu, là où cette parole est dite intérieurement[3] ?

La réponse :

> *ez ist in dem lûtersten, daz diu sêle geleisten mac, in dem edelsten, in dem grunde, jâ in dem wesene der sêle, daz ist in dem verborgensten der sêle. Dâ ist « daz mittel swîgen », wan dar enkam nie crêatûre în noch nie kein bilde, noch diu sêle enhât dâ weder würken noch verstân, noch enweiz dâ umbe kein bilde, weder von ir selber noch von keiner crêatûre*[4].
> C'est dans le plus pur que l'âme peut offrir, dans le plus noble, dans le fond, oui, dans l'être de l'âme, c'est-à-dire dans le plus secret de l'âme. Là est le milieu du silence [là l'intermédiaire fait silence] car aucune créature ni aucune image n'y est encore parvenue, l'âme n'y a encore aucune activité ni compréhension, elle n'y a encore aucun savoir par image, ni d'elle-même ni d'aucune créature[5].

Le « silence » équivaut donc à : l'*absence d'images*. Comme on le voit, la réponse d'Eckhart est centrée sur le concept d'image dans son acception d'image *de la sensibilité*, où elle joue donc le rôle de médiatrice entre le sujet qui connaît et le monde extérieur. Image, donc, signifie *médiation*, et celle-ci est le chiffre de la dépendance du sujet par rapport à la sensibilité, au monde extérieur et à la créature. En effet, le fait que la connaissance dépende de l'image explique pourquoi l'âme connaît si bien la réalité extérieure mais éprouve tant de difficultés à se connaître elle-même. L'âme ne se connaît pas, parce qu'elle n'a aucune image d'elle-même.

1. Division en trois questions selon G. Steer, DW IV, p. 327.
2. Eckhart, *Pr.* 9* [S 101], DW IV, p. 343.
3. *Id.*, *Sermons*, trad. AH.-M., p. 97. « Silence » fait référence au thème du sermon (« Lorsque toutes choses se tenaient au milieu du silence »). « Seigneur » semble être à première vue une apostrophe à Dieu ; mais il faut prendre en considération le fait que la forme « Ach, herre » apparaît six fois dans l'œuvre allemande et que, dans cinq de ces cas, elle introduit la question d'un auditeur interpellant Eckhart d'un « Herre » (= « monseigneur »).
4. *Id.*, *Pr.* 9* [S 101], DW IV, p. 343-344.
5. *Id.*, *Sermons*, trad. AH.-M., p. 97.

Par conséquent, elle préfère, afin de satisfaire sa soif de connaissance naturelle, quitter sa maison et sortir dans le monde extérieur « pour badiner avec les cinq sens »[1]. Mais, en faisant cela, l'esprit de l'homme apprend à se soumettre aux choses extérieures, à la contingence, aux troubles, aux craintes, aux passions. Il est conditionné par le monde extérieur, il perd sa liberté et se voit dépouillé de son autonomie.

Cette vision, qui présente l'homme – d'une façon très moderne – comme un être qui vit immergé dans la médiateté des formes et des images, soumis à la domination du monde extérieur, trouve en fait la confirmation de sa justesse dans l'expérience quotidienne mais elle ne doit être admise que si on la corrige – selon l'avis d'Eckhart – sur au moins deux points fondamentaux. Le premier est que les facultés de l'âme, qui reçoivent les images, présupposent une substance comme leur fondement (*grunt*) et, ce fondement unitaire ne pouvant pas être lui-même une image, il faut donc qu'il soit en soi sans aucune image. Le second point est que Dieu, en tant que maximalement puissant, exerce une action maximalement simple et immédiate et, par conséquent, sa relation avec le *grunt*, c'est-à-dire le fondement et la substance de l'âme, n'est pas médiatisée par des images mais immédiate.

Pour décrire la nature complexe de cette relation entre Dieu et le fondement de l'âme, d'où les facultés jaillissent, Eckhart utilise le terme technique d'« engendrer », *gebern*, en le distinguant de la causalité créatrice, « créer », *schaffen*, ou bien « faire », *machen*. Il faut observer que les mots : *non factus nec creatus, sed genitus* constituent l'expression technique utilisée par le *Symbole Quicunque* pour décrire la procession du Fils du Père[2]. Dans le « fond » ou « fondement » (*grunt*), dans le silence de toutes les activités, Dieu engendre le Fils, et il l'engendre dans l'unité relationnelle avec soi-même. Mais Dieu engendre le Fils *dans* et *comme* le « fond/fondement » de l'âme, car il s'agit toujours d'un seul et même Fils.

Dans les textes que nous sommes en train d'examiner maintenant, Eckhart n'explore pas (ou plutôt il n'explore pas encore) la nature du « fond/fondement », *grunt*. Nous verrons qu'il la spécifiera comme « émanation selon l'image ». Ici, au niveau des sermons du « cycle de la génération éternelle » (*êwige geburt*), le mot "image" implique toujours une

1. Eckhart, *Pr.* 7* [Q 34], DW II, p. 164 : « in unserm innigesten, ob er uns dâ heime vindet und niht diu sêle ûzgegangen enist spazieren mit den vüinf sinnen » ; *Sermons*, trad. AH.-M., p. 85.

2. H. Denzinger, A. Schönmetzer, *Enchiridion symbolorum definitionum et declarationum de rebus fidei et morum*, Freiburg, Herder, 1976 (36e éd.), n. 75, 22, p. 42.

dérivation empirique et se caractérise par une connotation essentiellement « médiale » et négative[1]. Le « fond/fondement et substance de l'âme » est déterminé au contraire, en tant que repos et inaction qui permettent à Dieu de développer son action.

LA FAUSSE NATURALITÉ DES IMAGES

La centralité de la notion d'image et sa valeur médiale et négative est confirmée par les questions posées ensuite par l'interlocuteur :

> *Wie gebirt got der vater sînen sun in dem grunde der sêle ? Als die crêatûren tuont in bilden und in glîchnissen*[2] *?*
> Comment Dieu le Père donne-t-il naissance à [ou : engendre-t-il] son Fils dans le fond de l'âme? Dans l'image et dans la ressemblance, comme le font les créatures[3] ?

La question est presque rhétorique puisque la réponse ne peut être que négative. Mais elle permet à l'interlocuteur de développer deux objections ultérieures. De ce fait, cette *vrâge* acquiert les caractéristiques d'une question d'école, avec les arguments « contra » qui l'accompagnent classiquement.

La première objection est la suivante :

> *Nû möhtet ir sprechen, in der sêle ensî niht dan bilde von natûre*[4].
> Maintenant vous pourriez me dire que, dans l'âme, il n'y a rien d'autre par nature que des images[5].

Puis la seconde objection :

> *Nû möhtest dû sprechen : swaz got würket âne bilde in dem grunde und in dem wesene, des enmac ich niht gewizzen, wan die krefte niht genemen enkünnen dan in bilden*[6].
> Tu pourrais dire : ce que Dieu opère sans image dans le fond et dans l'être [dans la substance], je ne peux le savoir, car les puissances ne peuvent accueillir que dans les images[1].

1. Une exception : Eckhart, *Pr.* 16* [S 104], DW IV, p. 590, *Sermons,* trad. AH.-M., p. 152 (image synthétique produite par Dieu, voir *infra*, p. 93).
2. Eckhart, *Pr.* 9* [S 101], DW IV, p. 350.
3. *Id., Sermons,* trad. AH.-M., p. 99.
4. *Id., Pr.* 9* [S 101], DW IV, p. 352.
5. *Id., Sermons,* trad. AH.-M., p. 100.
6. *Id., Pr.* 9* [S 101], DW IV, p. 360.

Enfin, l'objection décisive :

> *Nû möhtest dû sprechen : eyâ, herre, ir wellet der sêle irn natiurlîchen louf umbekêren und wider ir natûre tuon. Ir natûre ist, daz si durch die sinne neme und in bilden. Wellet ir den orden umbekêren*[2] *?*
> Tu pourrais dire : eh bien, Seigneur ! Vous voulez transformer [bouleverser] l'âme dans son cours naturel et agir contre sa nature ? Sa nature est qu'elle saisisse à travers les sens et par les images. Voulez-vous transformer [bouleverser] l'ordre[3] ?

L'interlocuteur se présente comme le porte-parole des thèses les plus triviales de l'aristotélisme vulgaire : les images sont nécessaires à l'entendement, l'intellect est une *tabula rasa*, la sensibilité est la condition de la pensée ; en d'autres termes : « Il n'est rien dans l'intellect qui n'ait auparavant été dans la sensation »[4] ; il n'est pas possible que l'homme ait des dispositions extraordinaires qui restent cachées à sa conscience. C'est la position naïvement naturaliste de ceux qui attribuent au monde extérieur la primauté sur le monde de l'esprit et soutiennent que le point de vue de l'empirisme est le seul point de vue philosophiquement et rationnellement possible.

LA GÉNÉRATION COMME UN ÉVÉNEMENT MYSTIQUE ?

La réponse d'Eckhart est longue et complexe, mais il nous semble possible d'en dégager deux lignes principales d'argumentation :

1) c'est une chose insensée que de vouloir réduire la connaissance à la seule connaissance par images, parce que la connaissance sans images est clairement présente à l'évidence de la conscience, même si elle n'a pas la même immédiateté que la connaissance qui provient du sens :

> Ton cœur [remarque Eckhart] est souvent touché et détourné du monde. Comment cela pourrait-il se produire si ce n'est avec l'illumination intérieure ? […] Cette inclination intérieure ne provient en aucun cas de la

1. Eckhart, *Sermons*, trad. AH.-M., p. 102.
2. *Id.*, *Pr.* 9* [S 101], DW IV, p. 364.
3. *Id.*, *Sermons*, trad. AH.-M., p. 105.
4. Thomas d'Aquin, *Quaestiones disputatae de veritate*, q. 2, a. 3, arg. 19, ed. Leonina, XXII/1, Romae, Ad sanctae Sabinae, 1970, p. 49.

créature ni de son conseil, car ce que la créature montre ou accomplit, tout cela vient de l'extérieur[1].

À ce type d'évidence intérieure se réfère Denys dans sa *Théologie mystique*.

2) La génération du Fils dans le « fond/fondement » (*grunt*) de l'âme est univoque à la génération du Fils dans la Trinité et il ne s'agit donc pas d'un événement non-naturel mais plutôt d'un événement maximalement naturel. C'est là une thèse fondamentale de Maître Eckhart, qu'il faut examiner de plus près dans sa formulation :

> *Sehet, got der vater hât ein volkomen însehen in sich selber und ein abgründic durchkennen sîn selbes mit im selber, niht mit keinem bilde. Und alsô gebirt der vater sînen sun in wârer einunge götlîcher natûre. Sehet, in der selben wîse und in keiner andern gebirt got der vater sînen sun in der sêle grunde und in irm wesene und einiget sich alsô mit ir*[2].
> Voyez, Dieu le Père possède un regard parfait sur lui-même et une connaissance profonde de lui-même en lui-même, sans aucune image. Et ainsi, le Père donne naissance à [engendre] son Fils dans la véritable unité de nature divine. Voyez, de la même façon et non d'une autre, Dieu le Père donne naissance à [engendre] son Fils dans le fond de l'âme et dans son être [sa substance], et s'unit ainsi avec elle[3].

On notera la formule : « de la même façon et non d'une autre » (*in der selben wîse und in keiner andern*). C'est une déclaration de l'univocité parfaitement consciente d'elle-même, parce que Maître Eckhart la répète presque mot pour mot au début du sermon suivant :

> *disiu êwige geburt geschihet in der sêle in aller der wîse, als si geschihet in der êwicheit, noch minner noch mê, wan ez ist éiniu geburt. Und disiu geburt geschihet in dem wesene und in dem grunde der sêle*[4].
> cette naissance [génération] éternelle se produit [a lieu] dans l'âme comme elle se produit [a lieu] dans l'éternité, ni plus ni moins; [car] c'est une

1. Eckhart, *Pr.* 13* [S 102], DW IV, p. 413-414 : « Dîn herze wirt dicke berüeret und bekêret von der werlt. Wie möhte daz geschehen wan mit der înliuhtunge ? [...] Daz inwendic neigen enkumet enkeine wîs niht von keiner crêatûre noch von keiner ir anwîsungen, wan waz crêatûre wîset oder würket, daz kumet allez von ûzen zuo » ; *Sermons,* trad. AH.-M., p. 120.

2. *Id.*, *Pr.* 9* [S 101], DW IV, p. 350-352.

3. *Id.*, *Sermons,* trad. AH.-M., p. 99.

4. *Id.*, *Pr.* 13* [S 102], DW IV, p. 407.

> unique naissance [un unique engendré]. Et elle [cet engendré] se produit dans l'être [dans la substance] et dans le fond de l'âme [1].

... « ni plus ni moins » : la génération de l'engendré est toujours une seule et la même, car elle a lieu dans l'éternité.

Or, ce texte soulève plusieurs interrogations ; en effet, il semble que, dans les propos d'Eckhart, deux points de vue assez différents convergent.

D'une part, il dit que « *Quand* [*als dâ*] toutes les puissances sont dépouillées de toutes leurs opérations et toutes images, cette parole est *alors* [*alsô*] prononcée » [2]. Cette expression semble se référer à un point temporel propre à l'événement de la génération dans l'individu (un point qui est précisément déterminé dans l'espace et dans le temps). En d'autres termes, on pourrait penser que la parole *se tait* dans la vie menée selon l'extériorité et qu'elle « est prononcée » précisément *lorsque*, dans les facultés, advient l'abstraction des actions et des images (en d'autres termes : « silence et inaction » ou « séparation », *abegescheidenheit*). Selon cette interprétation, Eckhart pourrait faire allusion au moment où se réalise l'expérience mystique qui résulte de la grâce et de l'observation des préceptes ascétiques, éthiques, psychologiques et comportementaux ordonnés à atteindre l'état de la perfection. On pourrait lire en ce sens non seulement la référence répétée à des textes tels que la *Théologie mystique* de Denys mais aussi l'indication, suggérée par le texte, selon laquelle il y a, dans ce « chemin mystique », des degrés plus ou moins grands de réceptivité de la génération.

Cependant, il faut tenir compte, d'autre part, du fait qu'Eckhart nous dit que la « génération éternelle » qui a lieu dans l'âme est *identique* au « regard parfait sur lui-même » et à la « connaissance profonde de lui-même en lui-même » avec laquelle le Fils est engendré dans la Trinité : « de la même façon et non d'une autre, Dieu le Père engendre son Fils dans le fond de l'âme et dans son être [sa substance], et s'unit ainsi avec elle ». Or, l'action de Dieu est immuable et non soumise à la contingence : Eckhart rejette en fait explicitement toute conception anthropomorphique-volontariste comme celle qu'il appelle dédaigneusement la conception du Dieu-charpentier :

1. Eckhart, *Sermons*, trad. AH.-M., p. 118.

2. *Ibid.*, p. 101 ; *Pr.* 9* [S 101], DW IV, p. 354 : « Als dâ alle die krefte sint abegezogen von allen irn werken und von allen bilden, alsô wirt diz wort gesprochen ».

> *Niht enwæne, daz ez sî mit gote als mit einem lîplîchen zimbermanne, der würket und enwürket niht, sô er wil : in sînem willen stât ez, swie in lustet ze tuonne und ze lâzenne. Alsô enist ez niht an gote* [1].
> N'imagine pas qu'il en est de Dieu comme d'un charpentier concret, qui opère comme de son bon plaisir de faire ou de laisser. Il n'en est pas ainsi de Dieu [2].

Le « théorème du devoir de Dieu » et l'insistance sur la « nécessité » de la ré-entrée de Dieu correspondant à la sortie (*exstasis*) de soi de l'homme, déjà définie dans les *Entretiens* comme « sortie » pour la volonté de son propre, vont maintenant, dans ce texte, être formulés d'une façon tout à fait parallèle comme « sortie » pour le sujet de la vie imaginative.

Eckhart semble s'inscrire, dans le premier cas, dans l'horizon du temps humain et de l'individualité et, dans le second cas, dans l'horizon de l'éternité ou bien de la superéternité divine. Est-il possible d'intégrer ces deux points de vue, et dans quelle mesure? Nous allons voir tout de suite qu'Eckhart s'est posé ce problème et qu'il l'affronte précisément dans le sermon suivant.

LE SECOND SERMON : ACCUEILLIR SELON LA CAPACITÉ DU RÉCEPTEUR

Qu'Eckhart lui-même ait été attentif aux problèmes que nous avons soulevés, en témoignent les premières phrases du sermon 13* [S 102], consacré à l'Évangile de l'Épiphanie.

« Où est celui qui est né roi des Juifs ? » demandent les Mages. La réponse à cette question n'est pas historique mais métaphysique. Nous connaissons le texte puisqu'il a été déjà présenté auparavant :

> *disiu êwige geburt geschihet in der sêle in aller der wîse, als si geschihet in der êwicheit, noch minner noch mê, wan ez ist éiniu geburt. Und disiu geburt geschihet in dem wesene und in dem grunde der sêle* [3].
> cette naissance [génération] éternelle se produit [a lieu] dans l'âme [exactement] comme elle se produit [a lieu] dans l'éternité, ni plus ni moins; [car] c'est une unique naissance [un unique engendré]. Et elle [cet

1. Eckhart, *Pr.* 15* [S 103], DW IV, p. 484.
2. *Id.*, *Sermons*, trad. AH.-M., Mangin p. 141.
3. *Id.*, *Pr.* 13* [S 102], DW IV, p. 407.

> engendré] se produit dans l'être [dans la substance] et dans le fond de l'âme[1].

On remarquera ici le sens dynamique de *geburt* (en fait la naissance : *geschihet*, « arrive », « a lieu »), tandis que le doute demeure sur la question de savoir si le *einiu geburt* est seulement « une unique génération » (Mangin : « une unique naissance ») et non plutôt « un unique engendré », ce qui serait une expression bien plus forte encore. En tout cas, cette thèse réitère la position défendue dans le sermon précédent. Immédiatement après se trouvent les *vrâgen*[2] :

La première est la suivante :

> *sît daz got in allen dingen ist vernünfticlîche und den dingen mê inne ist, dan diu dinc in selber sint, und natiurlîcher – und wâ got ist, dâ muoz er würken und sich selben bekennen und sîn wort sprechen, waz eigener eigenschaft diu sêle habe ze disem würkenne gotes vür andern vernünftigen [unvernünftigen Br2] crêatûren, in den got ouch ist*[3].
>
> étant donné que Dieu est (présent) de façon intellectuelle en toutes choses et qu'il est plus intérieur aux choses que les choses ne le sont à elles-mêmes, et de façon plus naturelle – et là où il est, Dieu doit opérer, se connaître lui-même et exprimer sa parole –, quel attachement propre [quelle propriété] l'âme possède-t-elle avec cette opération divine plus que n'importe quelles autres créatures [non-]intellectuelles, dans lesquelles Dieu est aussi (présent)[4] ?

Il vaut peut-être la peine, avant d'examiner la réponse, de s'arrêter sur la formulation de la question même, car elle révèle un point de départ qu'Eckhart semble admettre pour lui-même. La question débute en affirmant l'omniprésence de Dieu dans la réalité, et caractérise cette présence comme « activité » « intellectuelle », « naturelle », « auto-connaissante » et « parlante » (« là où il est, Dieu *doit* opérer, se connaître lui-même et exprimer sa parole » – ce sont également des idées du sermon 9* [S 101]). Toute cette réflexion est placée ici sous le signe de l'éternelle, immuable, naturelle et « bonifiante » activité de Dieu, à propos de laquelle apparaît à nouveau le signal de la « nécessité » (*got muoz würken*), rapportée à sa nature parfaite. C'est devant cette œuvre providentielle universelle que l'interlocuteur demande quelle serait la propriété en

1. Eckhart, *Sermons*, trad. AH.-M., p. 118.
2. Cinq questions selon G. Steer, DW IV, p. 327
3. Eckhart, *Pr.* 13* [S 102], DW IV, p. 407-409.
4. *Id.*, *Sermons*, trad. AH.-M., p. 118.

conséquence de laquelle Dieu s'engendre proprement et seulement dans l'âme, et non pas dans d'autres entités [1].

La réponse fait en premier lieu référence à la doctrine traditionnelle de l'image et de l'empreinte (le mot « image » n'étant pas cette fois utilisé dans sa signification négative mais dans le sens tout à fait positif de l'image comme principe de la création de l'homme selon Genèse 1, 26) :

> *er ist aleine gebernde in der sêle. Wan alle crêatûren sint ein vuozstaphe gotes, mêr : diu sêle ist natiurlîche nâch gote gebildet* [2].
> ... c'est uniquement dans l'âme qu'il (Dieu) peut naître. Toutes les créatures sont une trace de Dieu, alors que l'âme est naturellement formée à l'image de Dieu [3].

La traduction de Mangin ne rend pas exactement – à notre avis – l'intention d'Eckhart : la forme *er (got) ist gebernde* est celle d'un participe duratif et il ne s'agit donc pas de « pouvoir naître » (« Dieu peut naître uniquement dans l'âme ») mais d'une sorte de « naître » inscrit dans la durée et transitif, voire « d'être le seul à pouvoir engendrer d'une façon continuelle, ininterrompue ». La traduction littérale donnerait ce qui suit : « Dieu est toujours en train d'engendrer dans l'âme, et dans l'âme seulement », il engendre continuellement, sans arrêt. Nous nous attendrions à ce qu'Eckhart analyse le nouveau concept d'image qu'il va ici présenter ; il n'en est rien. Il concentre au contraire sa réflexion sur un autre principe : le principe selon lequel l'influence de la bonté providentielle divine est reçue différemment selon les différentes capacités de recevoir des différents récepteurs.

Il écrit :

> *Dises werkes noch dirre geburt enist kein crêatûre enpfenclich dan diu sêle aleine [...] in dirre geburt sô wirst dû teilhaftic des götlîchen învluzzes und aller sîner gâben. Des enwerdent die crêatûren niht enpfenclich, in den daz bilde gotes niht enist, wan der sêle bilde gehœret sunderlîche ze dirre êwigen geburt, diu eigenlîche und sunderlîche in der sêle geschihet und geborn wirt von dem vater in dem grunde und in dem inwendigesten der sêle, dar nie bilde îngelûhte noch nie kraft îngeluogete* [4].

1. Ici le texte critique indique : « dans les autres entités *intellectuelles* », mais il s'agit d'un non-sens et il faut accepter la variante suivante, donnée par un manuscrit de Bruxelles : « dans les autres entités *non-intellectuelles* ».
2. Eckhart, *Pr.* 13* [S 102], DW IV, p. 409-410.
3. *Id.*, *Sermons*, trad. AH.-M., p. 118.
4. *Id.*, *Pr.* 13* [S 102], DW IV, p. 410-411.

> Cette opération, ou cette naissance, n'est reçue par aucune créature, mais par l'âme seule [...] Et dans cette naissance, tu prends part à l'influx divin et à tous ses dons. Les créatures dans lesquelles l'image de Dieu n'est pas présente ne peuvent recevoir cela, car l'image de l'âme est particulièrement prédisposée à [appartient à, fait partie de] cette naissance éternelle, qui se produit en propre et particulièrement dans l'âme et qui est engendrée par le Père dans le fond et dans l'intime de l'âme, là où jamais aucune image [!] n'a brillé ni aucune puissance n'a jeté un coup d'œil [1].

Cette fois, nous voyons que la *geburt* est explicitement associée à l'action (*werk*) et à la conception (*enpfenclich*), ou plus généralement à la « réceptivité », c'est-à-dire à la « capacité de recevoir ».

La génération éternelle du Fils, donc, est une « influence divine » (*flux*) universelle et toujours pareille à elle-même, qui peut être reçue ou non reçue (c'est-à-dire : accueillie ou non) en fonction de la *enpfenclicheit* (la capacité d'accueillir) de la créature. Il s'agit d'une certaine façon de la capacité d'« intercepter », de « capturer » les rayons de l'émanation divine. Les créatures non-intellectuelles ne sont pas capables de les « intercepter » tandis que les créatures intellectuelles, au contraire, sont capables de recevoir les rayons de cette émanation, et c'est donc en elles et seulement en elles que s'avère la génération du Fils. Tout cela, évidemment, se passe selon la loi de la nature et du « devoir de Dieu ».

La naturalité de la génération du Fils

Si ce que nous venons de dire est vrai, on comprendra bien pourquoi la question suivante a son point de départ dans l'hypothèse que la génération est *naturelle* en tant qu'elle est propre à l'homme en raison de son humanité, et non en raison des actes ou des comportements vertueux ou ascétiques. En fait, l'interlocuteur demande :

> *Diu ander vrâge ist : sît daz diz werk dirre geburt geschihet in dem wesene und in dem grunde der sêle, sô geschihet diz alsô wol in einem sünder als in einem guoten menschen. Waz gnâden oder waz nutzes geliget mir denne hie ane, wan der grunt der natûre ist in in beiden glîch, jâ, noch den, die in der helle sint, blîbet der adel der natûre êwiclîche* [2] ?

1. Eckhart, *Sermons*, trad. AH.-M., p. 118-119.
2. *Id.*, *Pr.* 13* [S 102], DW IV, p. 412.

> Une autre [ou mieux: la deuxième] question: si l'opération de cette naissance se produit dans l'être [la substance] et dans le fond de l'âme, alors elle se produit autant dans un pécheur que dans un homme bon. Quelle grâce, ou quelle utilité, y a-t-il ici pour moi? Car le fond de la nature est semblable pour les deux, oui, même pour ceux qui sont en enfer, la noblesse de la nature demeure éternellement[1]!

La question, comme nous le voyons, suppose la naturalité de la génération du Fils: la génération a lieu non seulement dans l'âme de l'homme parfait mais aussi dans l'âme du pécheur. Eckhart, évidemment, partage ce point de vue car il formule sa réponse sans le contester: il reconnaît donc, en d'autres termes, que la génération (ici significativement définie comme *werk dirre geburt, « opération* de cette génération ») est une dotation naturelle de l'homme, depuis sa naissance; et, en effet, il en constitue le centre vital essentiel, en tant que principe de vie déterminée comme vie intellectuelle – la vie propre de l'homme. Donc Eckhart ne nie pas la génération dans le pécheur mais il cherche plutôt la raison pour laquelle le pécheur n'a pas la conscience de son être divin. Il s'agit d'une sorte d' « entrave subjective » qui vient de son insuffisante « capacité à accueillir ». La réponse dit en fait: Dieu, en tant que Bonté diffusive de soi, se diffuse dans cet engendrement comme une lumière qui se verse – s'il ne trouve pas de résistance – dans le fond de l'âme et déborde dans les facultés jusqu'au corps même de l'homme. Mais cela ne peut pas se produire dans le pécheur car l'effusion de la lumière divine se heurte à une entrave et à un bloc dans les ténèbres du péché. Nous retrouvons ici le théorème du « devoir de Dieu », cette fois sous la forme de la polarité morale: d'un côté « Dieu – bonté – lumière », qui cherche à imprégner l'homme, et de l'autre « créature – ténèbres – péché », qui empêche l'épanchement de la lumière divine: « Si Dieu doit entrer, il faut que la créature sorte ».

Cette doctrine présuppose évidemment une distinction entre la génération comme « événement » éternel et « la prise de conscience » de cette génération: le premier est un constituant naturel de l'être humain en tant que tel, la seconde est volontaire, elle est inhérente à la sphère de la moralité et liée à l'exercice de la volonté du sujet et a son *empfänglicheit*, à sa « capacité d'accueillir » les rayons de l'émanation divine. Ce double registre peut expliquer à notre avis pourquoi Eckhart nie la génération dans le pécheur, c'est-à-dire dans le sens d'une prise de conscience: « Dans la mesure où cette lumière ne peut éclairer ni briller dans le pécheur, par

1. Eckhart, *Sermons*, trad. AH.-M., p. 119.

conséquent il est impossible que cette naissance puisse se réaliser en lui »[1]. La « lumière » « brille et éclaire » dans chaque âme : c'est le pécheur qui en est dépourvu parce que le péché l'a plongé dans l'obscurité. Celui, au contraire, qui est « capable d'accueillir » (*empfenglich*) s'en trouvera transformé : c'est la « ré-formation » et la « trans-formation » (*wider înbilden*) à laquelle Eckhart fait allusion dans son « Programme de prédication ».

Mais quelle est la relation entre la profondeur de l'âme et ses facultés ? Les questions suivantes présentent le point de vue “vulgaire” sur les facultés – un point de vue que l'interlocuteur n'a pas encore dépassé.

> *sît got der vater gebirt aleine in dem wesene und in dem grunde der sêle und niht in den kreften, waz gât ez die krefte ane ? Waz sol ir dienst her zuo, daz sie sich her zuo müezigen suln und disem vîren*[2] *?*
> Si Dieu le Père naît [!] seulement dans l'être et dans le fond de l'âme et non dans les puissances, qu'en est-il de celles-ci ? À quoi peuvent-elles bien servir en étant ainsi inoccupées et en congé[3] ?
>
> *enwære ez niht edeler, daz ein ieglîchiu kraft ir eigen werk behielte und daz einiu die andern niht enhinderte an irn werken, und daz ez ouch got niht enhînderte an sînem werke*[4] *?*
> ne serait-ce pas plus noble si chaque puissance s'en tenait à sa propre opération, sans qu'elles se fassent obstacle l'une par rapport à l'autre dans leur opération, ni qu'elles fassent obstacle à Dieu dans son opération[5] ?

À cette revendication de l'importance des facultés, Eckhart oppose sa doctrine de la « séparation » et de la « nescience » (*nihtwizzen*) :

> *swenne der mensche ein inwendic werk sol würken, sô muoz er alle sîne krefte înziehen rehte als in einen winkel sîner sêle und sich verbergen vor allen bilden und formen, und aldâ mac er würken. Hie muoz er komen in ein vergezzen und in ein nihtwizzen. Ez muoz sîn in einer stille und in einem swîgenne, dâ diz wort sol gehœret werden*[6].

1. Eckhart, *Pr.* 13* [S 102], DW IV, 415 : « Sehet, umbe daz diz lieht niht schînen noch liuhten enmac in dem sünder, dar umbe ist daz unmügelich, daz disiu geburt in im geschehen müge » ; *Sermons,* trad. AH.-M., p. 120-121.
2. *Id.*, *Pr.* 13* [S 102], DW IV, p. 412.
3. *Id.*, *Sermons,* trad. AH.-M., p. 121.
4. *Id.*, *Pr.* 13* [S 102], DW IV, p. 417.
5. *Id.*, *Sermons,* trad. AH.-M., p. 122.
6. *Id.*, *Pr.* 13* [S 102], DW IV, p. 419.

> Quand l'homme doit opérer une opération intérieure, il doit concentrer à l'intérieur toutes les puissances dans un coin de son âme et se cacher de toutes les images et formes, et alors il peut opérer. Il doit y parvenir dans un oubli et dans une nescience. Il faut être dans le calme et le silence pour que cette parole puisse être entendue [1].

La renonciation aux images et aux formes aboutit à un *vergezzen* et un *nihtwizzen*: « oubli » et « nescience ». Il faut bien noter qu'il s'agit de termes qui se réfèrent tous à la connaissance. La *vrâge* suivante introduit une réflexion sur la « nescience » :

> *ir möhtet sprechen : herre, ir setzet allez unser heil in ein unwizzen. Daz lûtet als ein gebreste* [2].
>
> Vous pourriez dire : Seigneur, vous mettez tout notre salut dans une ignorance [nescience]. Cela semble être une défaillance [3].

Or, la nescience n'est pas une privation, mais plutôt le résultat d'un dépassement de la connaissance discursive vers une « connaissance transformée ». C'est

> un savoir transfiguré [...]. Là où nous nous comportons de façon passive, nous sommes plus parfaits que quand nous agissions [...]. La béatitude consiste dans un pâtir [4].

La théopathie dionysienne a comme condition le pâtir et l'anéantissement. On a rencontré cette idée dans les *Entretiens*; mais il ne s'agit plus maintenant de l'anéantissement de la volonté : c'est plutôt l'anéantissement de l'intellect qui est en jeu.

1. Eckhart, *Sermons*, trad. AH.-M., p. 123.
2. *Id.*, *Pr.* 13* [S 102], DW IV, p. 420.
3. *Id.*, *Sermons*, trad. AH.-M., p. 123.
4. *Id.*, *Pr.* 13* [S 102], DW IV, p. 420-422 : « man sol hie komen in ein überformet wizzen. [...] Und hie in disem, dâ wir uns halten lîdende, dâ sîn wir volkomener, dan ob wir würhten [...] unser sælikeit enliget niht an unsern werken, mêr : an dem daz wir got lîden » ; *Sermons*, trad. AH.-M., p. 123-124.

CHAPITRE III

QUESTIONS APRÈS L'ÉPIPHANIE OBSCURITÉ ET RECHERCHE DE L'INTELLECT

DÉCOUVRIR LE NOBLE ENGENDRÉ : LE CHEMIN VERS L'ORIGINE

La lecture de l'Évangile le dimanche après l'Épiphanie fait connaître le récit du pèlerinage de Jésus avec sa famille au Temple de Jérusalem, à l'âge de treize ans, tiré de Luc, 2, 42-52. Eckhart a écrit trois sermons sur cette péricope : le premier est consacré à l'interprétation du verset « Jésus était assis et enseignait dans le Temple » (*Pr.* 14* [S 90]), le second à l'exégèse de l'épisode complet (*Pr.* 15* [S 103]) et le troisième au commentaire de la réponse de Jésus aux parents inquiets parce qu'il était resté dans le Temple sans les en avertir (« Il faut que je sois dans les choses qui sont de mon père » (*Pr.* 16* [S 104]). Les deux derniers sermons font partie du « cycle de la génération éternelle » et suivent le style de questions et réponses qui caractérise les *Pr.* 9* [S 101] et 13* [S 102], en offrant six blocs de questions pour chaque prêche.

L'exégèse du sermon 15* [S 103] se déroule sous le signe de la recherche et de la découverte de l'*edele geburt* – « noble naissance » ou plutôt, du « noble engendré », car nous pouvons être sûr que, dans ce cas, le *geburt* doit être entendu au sens du résultat de la génération, à savoir Jésus. En fait, la Sainte Famille s'est rendue en pèlerinage au Temple de Jérusalem; pendant le voyage de retour, les parents se rendent compte qu'ils ont perdu de vue leur fils, ils le cherchent parmi la foule des pèlerins, ils ne le trouvent pas, ils retracent leur chemin jusqu'au point de départ, au Temple, et y trouvent en effet Jésus. De cet épisode est tiré l'enseignement suivant : si tu veux trouver le « noble engendré » en toi, tu dois abandonner la foule, la multiplicité, et revenir à ton origine :

> *solt dû dise edele geburt vinden, sô muost dû alle menige lâzen und muost wider in den ursprunc und in den grunt komen, dâ dû ûzkomen bist. Alle die krefte der sêle und alliu iriu werk daz sint allez menige : gehugnisse, verstantnisse und wille, diz allez vermanicvaltiget dich. Dar umbe muost dû sie alle lâzen : sinnelicheit, bildunge und allez daz, dâ dû dich selber inne vindest oder meinest. Dar nâch maht dû vinden dise geburt und anders niht, gewærlîche*[1].
>
> si tu veux trouver cette noble naissance [engendré], tu dois laisser toute multiplicité et retourner vers l'origine et dans le fond, là d'où tu es venu. Toutes les puissances de l'âme et toutes leurs opérations, c'est tout cela la multiplicité : mémoire, connaissance et volonté, tout cela t'éparpille dans la multiplicité. C'est pourquoi tu dois toutes les laisser : sensibilité, imagination et tout ce que tu trouves toi-même à l'intérieur ou que tu as en vue. Après cela, tu peux trouver cette naissance [engendré], mais pas autrement, crois-moi[2].

La thèse formulée dans le sermon est donc la suivante : on peut « trouver » le « noble engendré » à condition de renoncer à la multiplicité (les « images » de *Pr.* 9* [S 101]) et ainsi de revenir à son origine. Ce qu'Eckhart désigne ici par les termes « trouver le noble engendré » équivaut dans les deux sermons précédant à « se rendre compte, s'apercevoir (*war nemen, gewar werden*) de la génération »[3]. Il s'agit pour lui évidemment de la même chose, considerée de différents points de vue.

Une nouveauté par rapport aux sermons précédents, où la découverte du « fond » est la simple conséquence de la suppression des images, est introduite par le thème du retour à l'origine (*ursprunc*), une allusion à la doctrine du « retour à l'être idéal », c'est-à-dire à l'idée dans le Verbe divin (nous reviendrons sur ce point ci-après).

1. Eckhart, *Pr.* 15* [S 103], DW IV, p. 475.
2. *Id.*, *Sermons,* trad. AH.-M., p. 137-138.
3. Ici la traduction Mangin nous semble inadéquate : Eckhart, *Pr.* 13* [S 102], DW IV, p. 414 : « Wer nû wil vinden lieht und underscheit aller wârheit, der warte und *neme war* [=qu'il aperçoive] dirre geburt in im » = *Sermons,* trad. AH.-M., p. 120 « Celui qui veut trouver dès à présent la lumière et la distinction de toutes vérités, attend et *accueille* cette naissance en lui ». Eckhart, *Pr.* 16* [S 104], DW IV, p. 566 : « Wer dirre geburt sol *gewar werden* [= prendre conscience] in im » = *Sermons,* trad. AH.-M., p. 147 : « Celui en qui cette naissance *doit advenir*. »

Eckhart sait que le chemin vers la découverte de sa propre origine ici proposé est difficile à effectuer avec la seule aide des outils conceptuels de la spiritualité traditionnelle. Il aborde donc cette difficulté en ouvrant un dialogue avec un interlocuteur qui défend la tradition du bon sens spirituel :

> *Dar umbe sô hân wir hie ein vrâge : ob der mensche dise geburt iht vinden müge in etlîchen dingen, diu doch götlich sint und aber von ûzen îngetragen sint durch die sinne, als etlîche bildunge von gote, alsô daz got guot sî, wîse, erbarmherzic oder swaz des ist, daz diu vernunft in ir schepfen mac, daz doch götlich ist; in der wârheit : ob man in disem allem dise geburt iht vinden müge*[1] ?
>
> À ce propos, nous avons ici une question : l'homme peut-il trouver cette naissance dans certaines choses, qui sont divines mais qui sont introduites de l'extérieur par les sens, comme certaines représentations de Dieu, par exemple le fait que Dieu soit bon, sage, miséricordieux ou quoi que ce soit que l'intellect puisse créer en vous et qui est divin ? En vérité : peut-on trouver cette naissance dans tout cela[2] ?

On pourrait lire la question comme une continuation de la polémique contre les images dans le sermon 9* [S 101], où l'« oubli de toutes choses et de leurs images » (*ein vergezzen aller dinge und ir bilde*) est reconnu comme la condition nécessaire pour entendre la Parole[3]. Cependant, il convient de noter que le texte parle ici d'un type bien défini d'images, à savoir non les images « charnelles » de la fantaisie mais les images abstraites de la pensée. Il s'agit des constructions intellectuelles de la théologie positive, comme par exemple la représentation de Dieu comme « bon, sage, miséricordieux ». Eckhart avait déjà clarifié sa pensée dans la deuxième partie du sermon 9*[4], contraposant « une image dans son intellect et dans sa pensée » au « pur pâtir Dieu ». La voie des « images dans l'intellect », aussi « bonne et divine » qu'elle soit, est rejetée ici aussi autant que la voie de la croissance naturelle des contenus de la connaissance promue par la philosophie islamique (Averroès et Avicenne)[5]. Eckhart

1. Eckhart, *Pr.* 15* [S 103], DW IV, p. 475-476.
2. *Id.*, *Sermons,* trad. AH.-M., p. 138.
3. *Id.*, *Pr.* 9* [S 101], DW IV, p. 355; *Sermons,* trad. AH.-M., p. 101.
4. *Id.*, *Pr.* 9* [S 101], DW IV, p. 340 : « ein bilde in sîner vernunft und in sînem gedanken alsô gedenkende : got ist guot, wîse, almehtic, êwic, und swaz er alsô erdenken mac von gote » ; *Sermons,* trad. AH.-M., p. 96. Comme on le voit, à la série des images conceptuelles de Dieu énumérée dans la *Pr.* 15* (« bon, sage, miséricordieux ») la *Pr.* 9* ajoute « tout-puissant, éternel ».
5. Voir *supra*, p. 29.

recourt à la solution des *Discours*, c'est-à-dire à la « séparation » et au « pâtir Dieu » ; mais il ajoute une évaluation négative de la *vernunft*, du *wizzen* et de la *wîsheit*[1], qui était absente des *Discours*. L'exemple de la femme samaritaine (figure de l'intellect, *vernunft*) est éloquent : elle transmet la vérité au peuple (« le Messie est arrivé ») et son message ne produit pas le savoir (*wizzen*) mais seulement la foi (*glouben*). La vraie connaissance, le « savoir » – observe Eckhart – découle de l'expérience directe, non pas de l'ouï-dire.

Eckhart va-t-il proposer une délégitimation de la raison au profit d'une sorte d'intuition mystique extraordinaire ? En effet, quelques lignes après, il présente sa réflexion à ce propos en utilisant la terminologie dionysienne de la « ténèbre silencieuse et cachée » (*die verborgene stille dünsternisse*)[2]. Certes, il s'agit d'un refus de la raison « logique » aristotélicienne des théologiens qui lui sont contemporains. Mais il ne semble pas qu'il s'agisse d'un refus de la raison en tant que telle car – comme on le verra bientôt en examinant les questions suivantes de ce sermon – Eckhart va consacrer beaucoup d'énergie intellectuelle à clarifier la manière dont la réflexion sur la « ténèbre » (*dünsternisse*) peut déceler le mouvement d'une raison qui se dépasse, en transformant son propre savoir (*wizzen*) en un savoir non-connaissant (*unwizzen*), un savoir réformé (*überformet wizzen*) conscient de son dépassement[3].

Il faut maintenant, avant de poursuivre notre analyse, nous interroger sur un aspect du discours eckhartien qui a suscité quelques difficultés pour les interprètes. En effet, dans le cycle de la génération éternelle émerge un certain esotérisme qui semble entrer en conflit avec l'universalité qui caractérise explicitement la perspective d'Eckhart, telle qu'elle prend forme par exemple dans le projet formulé dans le commentaire à l'Évangile de saint Jean, dans la doctrine de la naturalité du « fondement » et de la génération éternelle ou encore dans le passage programmatique au début du premier sermon du cycle, où il souligne son intention de développer un discours *démonstratif* « avec des propositions naturelles, afin que vous

1. Eckhart, *Pr.* 15* [S 103], DW IV, p. 477 « aller crêatûren kunst noch dîn eigen wîsheit noch dîn wizzen enmac dich dar zuo niht bringen, daz dû got götlîche mügest wizzen » ; *Sermons*, trad. AH.-M., p. 138.

2. *Id.*, *Pr.* 9* [S 101], DW IV, p. 359-360 ; *Sermons*, trad. AH.-M., p. 102. Il s'agit d'une traduction quasi-littérale de *Théologie mystique*, chap. 1.

3. Voir *id.*, *Pr.* 13* [S 102], DW IV, p. 420 : « man sol hie komen in ein überformet wizzen. Noch diz unwizzen ensol niht komen von unwizzenne, mêr : von wizzenne sol man komen in ein unwizzen ».

puissiez saisir par vous-mêmes que cela est ainsi. [...] cela vous convient davantage et mieux à partir de propositions démontrables »[1]. *Bewærtiu rede* – c'est le discours de la raison philosophique, fondé sur des « propositions naturelles ». Il faudra bien tenir compte de cette affirmation quand nous en arriverons à réfléchir sur la « ténèbre » de l'intellect. D'autre part, Eckhart restreint l'horizon de son audience en précisant deux fois qu'il s'adresse seulement à des « hommes bons et parfaits »[2] ou bien à des « personnes instruites et éclairées, qui sont instruites et éclairées par Dieu et par l'Écriture »[3]. À ce propos, Kurt Flasch commente :

> C'est surprenant. On pourrait, avec Quint, nourrir de nouveaux doutes quant à l'authenticité de ces sermons, car Eckhart veut par ailleurs formuler sa doctrine à destination de *tous*. Il ne veut pas de hiérarchie entre savants et non-savants. Le savoir philosophique est accessible à tous, pécheurs compris. Ici, il donne l'impression de ne vouloir philosopher que pour des Saints[4].

Or peut-on déduire de notre texte qu'Eckhart parle devant un public d'« hommes bons et parfaits » ? Nous ne le croyons pas. La lecture du début du sermon nous laisse plutôt penser qu'il a l'intention de construire et de proposer un modèle d'auditeur/lecteur idéal engagé dans la recherche de vérité (l'« homme parfait ») et de l'opposer à l'« homme naturel » qui n'a d'aucune manière emprunté ce chemin et qui n'a même pas intérêt à le faire.

> Ce que je dis ici, on doit l'entendre à propos d'un homme bon, parfait, celui *qui a marché et marche encore dans les voies de Dieu,* et non à propos d'un

1. Eckhart, *Pr.* 9* [S 101], DW IV, p. 343 : « Ich wil iu dise rede bewæren mit natiurlîchen reden, daz ir cz selber möhtet grîfen, daz ez alsô ist, wie ich doch der schrift mê gloube dan mir selber. Aber ez gât iu mê în und baz von bewærter rede » ; *Sermons,* trad. AH.-M., p. 96-97.

2. *Id., Pr.* 9* [S 101], DW IV, p. 354-355 : « disiu rede und disiu wârheit gehœrent aleine guoten und volkomenen menschen zuo, die dâ in sich und an sich gezogen hânt aller tugende wesen, alsô daz die tugende wesenlîche ûz in vliezent sunder ir zuotuon und vor allen dingen daz wirdic leben und diu edel lêre unsers herren Jêsû Kristî in in lebe » ; *Sermons,* trad. AH.-M., p. 100-101 : « Ce discours et cette vérité appartiennent seulement aux hommes bons et parfaits, qui ont tellement éveillé en eux et par eux l'être de toutes les vertus que celles-ci fluent de façon essentielle à partir d'eux sans qu'ils fassent quoi que ce soit... ».

3. *Id., Pr.* 16* [S 104], DW IV, p. 607 : « Diz ist gesaget gelêrten und erliuhteten liuten, die von gote und von der geschrift gelêret und erliuhtet sint » ; *Sermons,* trad. AH.-M., p. 157.

4. K. Flasch, *Maître Eckhart, op. cit.*, p. 81.

homme naturel, inexpérimenté, car il est très éloigné de cette naissance et ignore absolument tout à son sujet [1].

On pourrait dire qu'il n'écrit pas seulement pour les « parfaits » (*volkomenen*) et les « illuminés » (*erliuhteten*) – quelle que soit la signification précise de ces expressions au ton indubitablement ésotérique – mais aussi (et surtout) pour des gens « encore en marche ».

LA « TÉNÈBRE » DIONYSIENNE ET L'INTELLECT COMME « RÉCEPTIVITÉ POSSIBLE »

Les questions suivantes mettent en évidence les difficultés du bon sens religieux face au concept de « connaissance inconnaissante » et se concentrent sur le terme typiquement dionysien de *dünsternisse*, la « ténèbre » :

> *Nû möhtest dû sprechen : Eyâ, herre, waz sol denne mîn vernunft tuon, sô si alsô gar ledic muoz stân âne allez würken ? Ist diz diu næhste wîse, daz ich erhebe mîn gemüete in ein unbekantez bekantnisse, daz doch niht sîn enmac ? Wan bekente ich iht, daz enwære niht ein unbekantnisse noch enwære niht ledic und blôz. Sol ich denne zemâle stân in einem dünsternisse* [2].
> Maintenant, tu pourrais dire : eh bien, Seigneur, que doit donc faire mon intellect pour se tenir si dégagé [affranchi] de toute opération ? La meilleure manière consiste-t-elle à élever mon esprit dans une connaissance inconnaissante, ce qui ne peut pas être ? Car si je connaissais quelque chose, ce ne serait plus de l'inconnaissance et ce ne serait plus dégagé [affranchi] et nu. Dois-je donc me tenir entièrement dans la ténèbre [3] ?

La « connaissance inconnaissante » ne peut pas être, de l'avis de l'interlocuteur, une connaissance dans un sens positif, mais seulement une « ténèbre », une obscurité totale. La réponse admet l'apparent paradoxe formulé dans la question, en se réservant la possibilité de spécifier ensuite la nature de cette « ténèbre » dans une forme argumentative. Pour le

1. Eckhart, *Pr.* 9* [S 101], DW IV, p. 336-337 : « Wan daz ich hie spriche, daz sol man verstân von einem guoten, volkomenen menschen, der "in dem wege gotes gewandelt hât und noch wandelt", niht von einem natiurlîchen ungeüebeten menschen, wan der ist zemâle verre und unwizzende ihtes iht von dirre geburt » ; *Sermons*, trad. AH.-M., p. 95.

2. *Id.*, *Pr.* 15* [S 103], DW IV, p. 478.

3. *Id.*, *Sermons*, trad. AH.-M., p. 139.

moment, Eckhart assure que: « se tenir dans la ténèbre et l'ignorance [*unwizzen* : le savoir non-connaissant] » est le mieux que l'on puisse faire.

Cet échange survient de manière inattendue et ne semble pas se situer dans la suite logique du propos :

> *Ach, herre, muoz ez allez abe, enmac dâ kein widerkêren sîn ?*
> *Nein, entriuwen, dâ enmac kein widerkêren sîn*[1].
> Ah, Seigneur, faut-il se détacher de tout, ne peut-il y avoir aucun retour ?
> Non, en vérité, il ne peut y avoir aucun retour.

Retour où, à quoi ? La question n'est pas bien claire[2]. Or, si l'on considère que le verbe *widerkêren* ne signifie pas seulement « retour », mais combine l'idée de « retour » avec celle de « se détourner », la question prend le sens suivant : « est-il vraiment possible que celui qui est séparé se détourne de cette ténèbre ? ». Eckhart semble présupposer deux possibilités qui correspondent à deux modèles d'expérience de l'union : une expérience transitoire (dans le cas d'une réponse positive : il se détourne) et une expérience permanente (si la réponse est : il ne se détourne pas). Mais si le détournement est « impossible », comme le dit Eckhart, comment faut-il entendre au moins du point de vue noétique ce genre de permanence ?

Telle est la motivation de la question suivante, qui sollicite un approfondissement conceptuel de cette « ténèbre » entendue comme une expérience inscrite dans la durée et permanente :

> *Waz ist aber daz dünsternisse, wie heizet ez oder waz ist sîn name ?*
> *Sîn name enist niht anders dan ein mügelich enpfenclicheit, diu zemâle wesennes niht enmangelt noch ouch darbende enist, mêr: aleine ein mügelich enpfenclicheit, in dem dû volbrâht solt werden. Dar umbe enist kein widerkêren dar ûz*[3].
> Mais, qu'est-ce que la ténèbre, comment l'appeler ou quel est son nom ?
> Son nom n'est pas autre chose qu'une disposition [une réceptivité] possible, qui ne peut absolument pas être privée de l'être ni frustrée [ni n'est nécessiteuse], bien plutôt : [seulement] une disposition [réceptivité]

1. Eckhart, *Pr.* 15* [S 103], DW IV, p. 478.

2. K. Flasch, *Maître Eckhart*, *op. cit.*, p. 86 : « mais n'y a-t-il aucun retour vers l'extérieur ? ». Si nous comprenons bien, Flasch considère que, à partir de l'état où la conscience est acquise, il n'y a plus de retour possible à l'état antérieur d'une conscience non encore réflexive.

3. Eckhart, *Pr.* 15* [S 103], DW IV, p. 478-479.

> possible dans laquelle [où] [1] tu dois t'accomplir. C'est pourquoi il ne peut y avoir aucun retour à partir de là [2].

Nous avons vu ci-dessus que *dünsternisse*, « ténèbre » est le terme qu'Eckhart utilise pour traduire la « caligo » (σκότος) de Denys l'Aréopagite. Le sermon 9* [S 101] nous assure que cette « ténèbre » constitue le « propre » de Dieu, où la génération du Fils – mieux, la génération du moi comme Fils – advient [3]. Maintenant vient le pas décisif : évidemment convaincu que « ténèbre » est un terme ambigu, Eckhart se demande quelle peut être la vraie définition et la quiddité du concept en question. *Waz ist* [lat. *quid est*] *aber daz dünsternisse* [...] *waz ist sîn name*? Un passage du *Commentaire à l'Exode* nous donne une aide substantielle pour saisir le sens de la question. Eckhart écrit que l'interrogation « qu'est-ce que ? » (ici : *Waz ist ?*) porte « sur la quiddité ou bien sur la substance de la chose, signifiée par le nom » (*li « quid » quaerit de quiditate sive essentia rei, quam significat nomen*) [4]. La question « qu'est-ce que la ténèbre ? » a une valeur spécifiquement technique, et la réponse va expliciter par une formule logico-ontologique ce qui, dans la terminologie dionysienne traditionnelle, fait seulement allusion à un état expérientiel exceptionnel et transitoire.

La réponse, dans laquelle Eckhart condense une véritable réforme de l'« obscurité » mystique traditionnelle de Denys, annonce : le *dünsternisse* peut être défini comme *mügelich enpfenclicheit*, « réceptivité possible ».

Malheureusement, l'expression qui devrait jeter la lumière sur la « ténèbre » est un syntagme très obscur. Ce qui est certain est que ce « terme bizarre » (McGinn) [5] concerne la sphère de la noétique. Éric Mangin traduit cette expression par « disposition possible » ; nous préférerions garder d'une façon plus explicite, dans la traduction, l'idée de la « réceptivité ». Pour discerner, donc, la signification de ce que nous appellerons « réceptivité possible », il faut examiner les propriétés que lui attribue Eckhart. Le texte original est difficile : procédons pas à pas. La « réceptivité » est, en premier lieu, qualifiée par deux conditions négatives :

1. La forme *in dem* ne se réfère pas à la « réceptivité », *enpfenclicheit* (nom féminin) car *dem* s'accorde avec un nom masculin ou neutre ; il s'agit plus généralement du lieu de la « ténèbre, » le neutre *dünsternisse*.

2. Eckhart, *Sermons,* trad. AH.-M., p. 139.

3. *Id., Pr.* 9*, S. 101, DW IV, p. 366.

4. Eckhart, *In Exod.* n. 18, LW II, p. 23.

5. B. McGinn, *The Mystical Thought of Meister Eckhart. The Man from Whom God Hid Nothing*, New York, Crossroad, 2001, p. 63.

1)… *diu zemâle wesennes niht enmangelt,* elle « ne manque pas complètement d'être », c'est-à-dire qu'il ne faut pas penser qu'elle est d'une façon totale, *complètement*, titulaire de l'être (donc, elle en est titulaire seulement d'une certaine façon) ;

2)… *noch ouch darbende enist,* elle « ne peut pas être frustrée » (Mangin) [1] ou littéralement : « n'est pas nécessiteuse » (sous-entendu : « de l'être », car elle le possède, quoique de manière incomplète).

Ces deux conditions signifient que la « réceptivité possible » – malgré sa qualification d'être potentiel – garde toujours en soi un certain degré de positivité substantielle.

Il suit une détermination positive, sur le fondement de laquelle Eckhart tirera la conclusion qu'il n'y a pas « de retour ». La détermination est la suivante :

3)… *mêr : aleine ein mügelich enpfenclicheit, in dem dû volbrâht solt werden,* « bien plutôt : [seulement] une disposition [une réceptivité] possible dans laquelle [où] tu dois t'accomplir [= tu seras accompli, perfectionné] » (la forme *dû … solt werden* est celle du futur composé de l'allemand médiéval).

Comme on le voit, la dernière formulation déplace l'accent du statut – pour ainsi dire – ontologique de la *enpfenclicheit* (à savoir : elle possède l'être d'une certaine façon) vers son aspect individuel et subjectif, évoqué par l'appel direct au « toi » ; l'*enpfenclicheit* est une puissance intellectuelle dynamique orientée vers la perfection (future et, à ce qu'il semble, de nature morale) du sujet.

S'apercevoir que l'on est *mügelich enpfenclicheit*, « réceptivité possible », – telle *est*, selon Eckhart, la « ténèbre » dont parle l'Aréopagite. On comprend bien que, de cette conscience, « il ne peut y avoir aucun retour ».

1. Voir la traduction Quint-Gottschall dans G. Steer, L. Sturlese (Hrsg.), *Lectura Eckhardi. Predigten Meister Eckharts von Fachgelehrten gelesen und gedeutet*, t. IV, Stuttgart, Kohlhammer, 2017, p. 175 : « …die durchaus nicht des Seins ermangelt oder entbehrt, sondern allein eine mögliche Empfänglichkeit, worin du vollendet werden sollst » ; G. Steer, DW IV, p. 1191, traduit : « eine mögliche Aufnahmefähigkeit, der niemals Sein fehlt und die auch niemals darbt, vielmehr nur eine mögliche Aunahmefähigkeit, in der du vollendet werden sollst. »

Une approche lexicographique permet de préciser un peu plus le périmètre conceptuel des considérations d'Eckhart. Bien qu'il ne soit pas possible de donner une exacte rétroversion latine des termes allemands, on peut reconnaître assez aisément derrière eux le concept de « potentia receptiva »[1], qui désigne en général la capacité à recevoir une forme et à réaliser une unité avec elle.

La « potentia receptiva » la plus connue des lecteurs d'Eckhart est celle de la matière par rapport à la forme. Comme l'a montré Alessandro Palazzo, la matière, selon Eckhart, est caractérisée par une inclination naturelle et un désir insatiable d'être accomplie par la forme et – puisqu'une forme totale susceptible d'accomplir la matière dans sa totalité n'est pas donnée – elle ne peut satisfaire cette inclination que dans le temps, en recevant des formes toujours différentes et successives, sans jamais trouver un accomplissement définitif[2].

Mais le paradigme de la « potentia receptiva » ne s'applique pas seulement à la matière. Il y a – écrit Eckhart – une puissance réceptive « tant dans la nature que dans la connaissance » (*tam in natura quam in cognitione*)[3]. Albert le Grand, dans son *Commentaire au* De anima, explique le rapport de l'intellect possible à son intelligible en termes de « potentia receptiva »[4], suivi en cela par Thomas d'Aquin (*potentia receptiva in anima intellectiva*)[5]. Dans ses œuvres latines, Eckhart témoigne d'un

1. Eckhart, *In Ioh.*, n. 655, LW III, p. 569 : « Oportet enim potentiam receptivam tam in natura quam in cognitione nudam esse sive in sensu sive in intellectu ». Variantes : « potentia passiva seu receptiva » (*In Ioh.*, n. 107, LW III, p. 91) ; *Lib. par. Gen.*, n. 201 : « potentia naturalis sive habilitas » (LW I/2, p. 431). Chez Dietrich de Freiberg, *De intellectu et intelligibili*, III, 7, 5, *Opera omnia*, I, éd. B. Mojsisch, Hamburg, Meiner, 1977, p. 182), on trouve le concept de « habilitas receptiva », syntagme qui désigne l'« intellectus possibilis. »

2. A. Palazzo, « "Sub metaphora mulieris adulterae" : la materia e la forma in Meister Eckhart », in *id.* (ed.), *Il desiderio nel Medioevo*, Roma, Edizioni di storia e letteratura, 2014, p. 75-95.

3. Eckhart, *In Ioh.*, n. 655, LW III, p. 569.

4. Albert le Grand, *De anima*, III, traité 2, chap. 17, éd. C. Stroick, « Opera omnia » 7/1, Münster i. W., Aschendorff, 1968, p. 203 : « Talis autem potentia receptiva soli convenit intellectui possibili [...]. In intellectu autem omnino nihil praecedit, sed purae receptibilitati acquiritur receptum secundum actum. »

5. Thomas d'Aquin, *Summa theol.*, I, q. 75, art. 5, ad 1, p. 347 : « Est autem alia potentia receptiva in anima intellectiva, a potentia receptiva materiae primae, ut patet ex diversitate receptorum, nam materia prima recipit formas individuales, intellectus autem recipit formas absolutas ». Voir aussi Thomas d'Aquin, *Sentencia libri De anima*, III, chap. 7, ed. Leonina, XLV, 1, Roma, Commissio Leonina, 1984, p. 236 : « intellectus est quaedam forma receptiva omnium formarum intelligibilium. »

intérêt particulier pour un aspect de ce paradigme, à savoir le fait que le pouvoir réceptif reçoit tout son être, lorsqu'il se réalise, de l'objet, de sorte que l'intellect et l'intelligible, comme la matière et la forme, réalisent une unité parfaite (*potentia passiva seu receptiva universaliter et naturaliter per id, quod quid est potentia, totum suum esse accipit ab obiecto*)[1].

Ici, dans la réponse à la question sur la nature de la « ténèbre », Eckhart souligne l'analogie entre le dynamisme sans repos de la matière et celui de l'esprit humain, fondée sur leur ouverture à la forme et leur capacité à la recevoir :

> *Rehte als diu materie niemer engeruowet, si enwerde denne ervüllet mit allen formen, die ir mügelich sint, alsô engeruowet diu vernunft niemer, si enwerde denne ervüllet mit allem dem, daz ir mügelich ist*[2].
> De même que la matière ne se repose jamais tant qu'elle n'est pas remplie [accomplie] par toutes les formes qui sont possibles pour elle, ainsi l'intellect ne se repose jamais tant qu'il n'est pas rempli [accompli] par ce qui est possible pour lui[3].

Le parallélisme entre le dynamisme de la nature et celui de l'intellect sera repris quasiment dans les mêmes termes dans le sermon 16*, où la forme qui peut accomplir l'intellect est en outre décrite comme « vérité essentielle [substantielle] qui possède toutes choses enfermées en elle »[4].

Comme on peut le voir, la *dünsternisse* n'est pas une obscurité mystique que l'on ne saurait examiner rationnellement en tant qu'elle serait une expérience extraordinaire qui va et vient selon le vouloir indiscutable de la Divinité mais bien une conscience qui découle d'une *bewærtiu rede*, d'une enquête rationnelle sur la véritable nature de l'esprit humain qui, réfléchissant sur soi-même, se reconnaît comme *mügelich enpfenclicheit*, « réceptivité possible », « être en rapport à » et se sait ouvert au divin dans la mesure où il renonce aux formes de l'imagination. En ce sens, nous considérons que l'on peut parler d'une réforme de l'« obscurité » traditionnelle de Denys, ou du moins d'une étape fort originale dans l'interprétation de la mystique du *corpus Areopagiticum*.

1. Eckhart, *In Ioh.*, n. 107, LW III, p. 91.
2. *Id.*, *Pr.* 15* [S 103], DW IV, p. 479-480.
3. *Id.*, *Sermons*, trad. AH.-M., p. 140.
4. *Id.*, *Pr.* 16* [S 104], DW IV, p. 595-596; *Sermons*, trad. AH.-M., p. 154.

Si cette conscience atteinte constitue une acquisition permanente (et c'est probablement ce que veut dire Eckhart lorsqu'il répond : « il n'y a pas de détournement »), cela ne veut pas dire qu'il soit impossible de retomber dans l'état de « l'homme extérieur », à cause de la labilité de la condition humaine, liée à la temporalité et à la matérialité (Eckhart énumère trois raisons possibles à cela : « les sens, ou le monde, ou le diable »)[1]. Il semble donc que la conscience de pouvoir être et d'être « obscurité » soit bien une acquisition irréversible, qui change définitivement l'être du sujet, mais qui ne constitue pas une situation « statique » car elle est avant tout désir et atteinte, conscience d'être disponible, sur un chemin spirituel, dans la perspective de la réalisation progressive d'une perfection. C'est, écrit Eckhart[2], une « ignorance » que « te ravit et t'attire hors des choses connaissables et aussi hors de toi-même », une « inconnaissance » qui « possède pourtant plus à l'intérieur que tous les savoirs et les connaissances extérieures ».

En fait, la « réceptivité possible » est une puissance dynamique qui ne connaît pas de repos « tant qu'elle n'est pas remplie par la plénitude de l'être »[3], c'est-à-dire de Dieu. Cela signifie que, dans la vie présente, où la plénitude de l'être ne peut être atteinte de façon définitive, « il faut avancer sans cesse » et chaque fois « atteindre la possibilité et s'y installer »[4].

DEVOIR DE DIEU, PRÉPARATION ET GRÂCE

Nû möhtest dû sprechen : Eyâ, herre, muoz daz iemer sîn von nôt, daz man aller dinge verellendet und verwüestet sî ûzerlîche und innerlîche, krefte und ir werk, muoz daz allez abe? Daz ist ein swære stân, ob got den menschen alsô lât stân âne sînen enthalt [...] Sô der mensche alsô stât in einem lûtern nihte, enist denne niht bezzer, er tuo etwaz, daz im daz dünster-

1. Eckhart, *Pr.* 15* [S 103], DW IV, p. 479 : « Ist aber, daz dû widerkêrest, daz enmac niht sîn von keiner wârheit wegen, ez muoz ein anderz sîn : entweder die sinne oder diu werlt oder der tiuvel ».

2. *Id., Pr.* 9* [S 101], p. 366 : « Swie daz ez doch ein unwizzen heize und ein unbekantheit, sô hât ez doch mê inne dan allez wizzen und bekennen ûzwendic disem. Wan diz unwizzen daz reizet und ziuhet dich von allen wizzenden dingen und ouch von dir selber » ; *Sermons,* trad. AH.-M., p. 105.

3. *Id., Pr.* 15* [S 103], DW IV, p. 480 : « ervüllet mit vollem wesene » ; *Sermons,* trad. AH.-M., p. 139-140. Sur Dieu comme « plénitude de l'être », voir p. ex. *In Exod.*, n. 48, LW II, p. 52.

4. *Id., Sermons,* trad. AH.-M., p. 139.

> *nisse und daz ellende vertrîbe, alsô daz der mensche bete oder lese oder predige hœre oder ander werk, diu doch tugende sint, daz man sich dâ mite behelfe*[1] ?
> Maintenant, tu pourrais dire : ah, Seigneur, doit-on toujours nécessairement devenir comme un désert et étranger à toutes choses, à l'extérieur et à l'intérieur, aux puissances et à leurs opérations ? Doit-on se détacher de tout ? C'est une position difficile quand Dieu laisse ainsi l'homme dans une telle situation sans son appui. [...] Quand l'homme se tient ainsi dans un pur néant, n'est-il pas préférable qu'il fasse quelque chose qui chasse en lui la ténèbre et le fait d'être étranger, comme par exemple qu'il prie, ou lise ou écoute des sermons ou accomplisse d'autres opérations qui sont vertueuses, et soit ainsi aidé[2] ?

La réaction du bon sens religieux traditionnel ne se fait pas attendre : au lieu d'être « dans un pur néant », ne vaut-il pas bien mieux suivre les préceptes de la tradition millénaire du christianisme et exercer activement une solide vie spirituelle ? La réponse négative est sèche : « Non, [...] se tenir dans le calme le plus longtemps possible est pour toi ce qu'il y a de mieux par-dessus tout »[3].

Eckhart prend ses distances avec la spiritualité traditionnelle et ses formes structurées mais vise surtout ici à critiquer la perspective naïve qui interprète la relation entre Dieu et l'homme comme une relation entre deux substances qui entrent en rapport à travers des qualifications accidentelles, voire un mouvement (la « préparation ») des deux côtés (« Tu voudrais bien être préparé pour une part par toi et pour l'autre par Dieu, ce qui ne peut être »)[4]. À la représentation vulgaire d'un Dieu qui s'incline vers l'homme par un acte de volonté arbitraire (« comme un charpentier concret qui opère et n'opère pas selon ce qu'il veut »)[5], Eckhart oppose l'idée de Dieu comme présence immuable bonifiante et diffusive d'elle-même, dont l'épanchement peut être « intercepté » ou non, compris ou incompris en fonction de la préparation du sujet. C'est la doctrine du « devoir de Dieu », que nous avons rencontrée dans les *Entretiens*.

1. *Id.*, *Pr.* 15* [S 103], DW IV, p. 483.
2. Eckhart, *Sermons*, trad. AH.-M., p. 141.
3. *Id.*, *Pr.* 15* [S 103], DW IV, p. 483 ; *Sermons*, trad. AH.-M., p. 141.
4. *Id.*, *Pr.* 15* [S 103], DW IV, p. 484 : « Dû woltest gerne bereit werden ein teil von dir und ein teil von im » ; *Sermons*, trad. AH.-M., p. 141.
5. *Id.*, *Pr.* 15* [S 103], DW IV, p. 484 : « als mit einem lîplîchen zimbermanne, der würket und enwürket niht, sô er wil » ; *Sermons*, trad. AH.-M., p. 141.

Deux exemples renvoyant à l'ordre de la nature aident à clarifier la réflexion d'Eckhart sur ce thème.

Le premier exemple provient de la tradition : « De la même manière que le soleil doit se répandre et ne peut se maintenir en lui-même quand l'air est pur et clair » : le « devoir » consiste dans l'inévitabilité de la loi de la nature[1].

Le second exemple est plus original et présente la manière dont Eckhart comprend l'infusion de l'âme rationnelle dans le fœtus :

> au moment précis où la matière de l'enfant est prête dans le corps de la mère, au même instant, Dieu infuse en lui l'esprit de vie, l'âme qui est la forme du corps. En un clin d'œil, c'est prêt et infusé. Quand la nature parvient à son apogée, Dieu donne la grâce[2].

L'infusion de l'âme est un « devoir de Dieu », conforme à une « loi métaphysique » établie par Dieu lui-même et fruit de sa grâce (évidemment *gratia gratis data*). On ne peut pas déclasser la liberté de Dieu en la mettant au niveau de la volonté technomorphe du « charpentier ». La matière de l'enfant dans sa dernière disposition « intercepte » dans le temps l'âme rayonnée de toute éternité par la grâce divine, sans envie ni mutabilité.

EXPÉRIENCE SUBJECTIVE, SIGNES, PÉNITENCES ET AMOUR

> *Nû möhtest dû sprechen : Wie mac daz gesîn ? Ich enbevinde sîn doch niht*[3]. Maintenant, tu pourrais dire : comment est-ce possible ? Je ne l'éprouve pas encore[4].
>
> *Nû möhtest dû sprechen : Eyâ, herre, ir meinet alles, ez sülle dar zuo komen, daz disiu geburt geschehe : daz der sun geborn werde in mir. Eyâ, möhte ich des ein zeichen hân, dâ bî ich möhte wizzen, ob ez geschehen wære*[5] ?

1. Il s'agit d'une métaphore néo-platonisante, voir Denys l'Aréopagite, *De divinis nominibus*, chap. 4, PG 3, 693B-696A.

2. Eckhart, *Pr.* 15* [S 103], DW IV, p. 485 : « in dem selben puncten, sô diu materie des kindes ist bereit in der muoter lîbe, in dem selben ougenblicke sô giuzet got în den lebendigen geist, die sêle, diu des lîbes forme ist. Ez ist ein blik bereiten und îngiezen. Wenne diu natûre ûf ir hœhstez kumet, sô gibet got gnâde » ; *Sermons,* trad. AH.-M., p. 141-142. Source : Albert le Grand, *De natura et origine animae,* I, chap. 5, éd. B. Geyer, « Opera omnia » 12, Münster i. W., Aschendorff, 1955, p. 14.

3. Eckhart, *Pr.* 15* [S 103], DW IV, p. 486.

4. *Id., Sermons,* trad. AH.-M., p. 142.

5. *Id., Pr.* 15* [S 103], DW IV, p. 487.

> Maintenant, tu pourrais dire : eh bien, Seigneur, vous prêtez attention à tout ce qui doit advenir afin que cette naissance se produise, que le Fils naisse en moi. Eh bien, puis-je avoir un signe de cela à travers lequel je pourrais savoir si cela s'est produit [1] ?

> *Nû möhtest dû vrâgen : sol der mensche iht pênitencie üeben, der in disem stât, oder versûme er iht, ob er sich niht enüebet in pênitencie* [2] ?
> Maintenant, tu pourrais demander : l'homme qui se tient dans cette situation doit-il pratiquer une quelconque pénitence, ou bien néglige-t-il quelque chose s'il ne pratique pas dans la pénitence [3] ?

Les trois questions traitent des thèmes propres à la subjectivité de la vie spirituelle. Dans le microcosme monastique voué à l'amour de Dieu, on recherche l'émotion mystique et l'on s'interroge sur les motifs de son manque, on discerne avidement les signes de la sainteté, on accumule les pénitences corporelles.

Eckhart, suivant sa méthode, examine le tout en le réformant et en le revêtant d'un nouveau sens. Ses réponses consistent toujours dans des déplacements.

Sur la question de l'émotion (*bevinden*), il soutient la thèse que la génération du Fils ne peut pas être liée à l'absence ou à la présence d'un état émotionnel quelconque. Il bouleverse pour ainsi dire le point de vue du bon sens religieux : le vide des images et l'appréhension de soi-même comme possibilité et ouverture au divin produit la génération ; ne rien « éprouver » (*bevinden*) à l'occasion de cette appréhension constitue une sorte d'illusion subjective.

> *Daz wizzest : got enmac niht lære noch îtel lâzen. Got und diu natûre enmügen daz niht lîden, daz ihtes iht îtel oder lære sî. Dar umbe : wie daz sî, daz dich des dünke, daz dû sîn niht enbevindest und daz dû noch îtel sîst, des enist doch niht* [4].
> Sache que Dieu ne peut rien laisser vide et vacant. Dieu et la nature ne peuvent souffrir que la moindre chose soit vacante ou vide. C'est pourquoi, même s'il te semble que tu ne l'éprouves pas et que tu es encore vide, il n'en est pas ainsi [5].

1. Eckhart, *Sermons,* trad. AH.-M., p. 143.
2. *Id., Pr.* 15* [S 103], DW IV, p. 489.
3. *Id., Sermons,* trad. AH.-M., p. 144.
4. *Id., Pr.* 15* [S 103], DW IV, p. 487.
5. *Id., Sermons,* trad. AH.-M., p. 142.

Même l'accent mis sur la volonté de Dieu dans Jean 3, 8 : « spiritus ubi vult spirat » ne suffit pas à mettre en question son « devoir » : cet Esprit ne souffle pas selon « une quelconque élection » mais « selon la puissance d'un mouvement naturel immuable que rien ne peut empêcher » [1].

Sur la question des signes de la sainteté, la réponse vise également la substance : la génération est comme un « coup de foudre » qui, à partir du moment où elle s'est produite, fait voir la réalité dans une lumière divine [2].

Enfin, en ce qui concerne l'importance des *pênitencie* – un thème qui revient souvent dans ces questions, la réponse relativise fortement les œuvres extérieures, dont l'importance n'est pas totalement niée, mais considérée comme « mille fois inférieure au lien d'amour » (*daz bant der minne*). La force unitive de l'union à Dieu n'est pas celle de « veiller, de jeûner, de prier, de se mettre à genoux, de pratiquer la discipline, de porter la haire, de dormir à la dure et quoi que ce soit » [3], mais seulement celle de l'amour qui nous garde comme un poisson capturé par un doux hameçon [4].

1. Eckhart, *In Ioh.*, n. 334, LW III, p. 283 : « Quod autem praemittitur "ubi vult spirat", non indicat electionem quandam, sed potius motum naturalem cum potestate intendentem, ut impediri non possit ».

2. *Id.*, *Pr.* 15* [S 103], DW IV, p. 488 : « allez daz dû sihest oder hœrest, swaz daz sî, sô enmaht dû in allen dingen niht anders genemen dan dise geburt ; jâ, alliu dinc werdent dir lûter got » ; *Sermons,* trad. AH.-M., p. 143.

3. *Id.*, *Pr.* 15* [S 103], DW IV, p. 488 : « [...] wachen, vasten, beten, weinen, disciplîne nemen, hærîniu hemede tragen, harte ligen und swaz des ist [...] » ; *Sermons,* trad. AH.-M., p. 144.

4. *Id.*, *Pr.* 15* [S 103], DW IV, p. 492 ; *Sermons,* trad. AH.-M., p. 145.

CHAPITRE IV

SIX QUESTIONS SUR L'IMAGINATION ET L'INTELLECT

GÉNÉRATION PERMANENTE OU TRANSITOIRE ?

Le sermon 16* [S 104] – dont nous utiliserons la rédaction A, puisque la rédaction B est évidemment secondaire et pleine de malentendus[1] – propose une réflexion ultérieure sur la présence ignorée de Dieu dans l'âme :

> *Nû vellet ein vrâge în von der geburt, dâ wir von gesprochen hân, ob si geschehe âne underlâz oder under wîlen, sô sich der mensche dar zuo vüeget und alle sîne maht dar zuo tuot, daz er aller dinge vergezze und sich aleine hie inne wizze*[2].

1. G. Steer en fait la démonstration, DW IV, p. 508-528 (A : « Ursprungsfassung »), p. 529-556 (« Fassung-B »). Dans un long travail consacré à l'interprétation du Sermon 16*, C. Jung a essayé de rehausser la valeur de la rédaction B, contestant les arguments de Steer à propos des erreurs et des incompréhensions du rédacteur : voir C. Jung, « Luther und die Intellekttrichotomie in Meister Eckharts Predigt 104 », *Meister-Eckhart-Jahrbuch* 13, 2019, p. 43-68. Il n'en reste pas moins que, même pour Jung, cette version du texte est secondaire, et ne nous permet donc pas de connaître le texte original d'Eckhart mais tout au plus une de ses interprétations, plus ou moins intéressante d'un point de vue historique. Utiliser la rédaction B pour interpréter Eckhart et corriger ses supposées inexactitudes (*ibid.*, p. 64 : « … begriffliche[r] unschärfe… ») nous semble manquer de logique et contrevenir à la méthode historique et philologique.

2. Eckhart, *Pr.* 16* [S 104], DW IV, p. 572.

> Maintenant apparaît une question à propos de la naissance [de la génération], dont nous avons à parler [avons parlé] : se produit-elle sans cesse ou seulement parfois, quand l'homme se dispose et fait tout ce qu'il peut pour oublier toutes choses et se savoir seul à l'intérieur[1] ?

La *vrâge* se réfère à l'ouverture du premier sermon, dans lequel il a été dit que la génération du Fils se produisait « sans cesse » dans l'éternité[2], génération qui toutefois « est advenue dans le temps » (*zîtlich worden*) et a lieu « encore chaque jour dans le plus intime de l'âme » (*wirt tegelîche geborn in der sêle innerstem*)[3]. Nous avons vu que cette génération ininterrompue n'est autre que ce qui fonde l'être de l'homme – seulement, le plus grand nombre des hommes n'en est pas conscient. D'où la question : si la génération du Fils consiste dans une prise de conscience (*gewar werden*), pourquoi, quand celle-ci se réalise, ne devient-elle pas permanente, mais – à ce qu'il semble – demeure transitoire ? Ce caractère transitoire dépend-il de la volonté de Dieu ou de la disposition de l'homme ? On pourrait voir ici un désir d'approfondir, sinon de corriger, une possible interprétation naturaliste et nécessitariste de la doctrine du « devoir de Dieu »[4] exposée dans le sermon précédent.

La réponse d'Eckhart est une tentative ambitieuse d'inscrire la doctrine du « devoir de Dieu » et du rejet des images sensibles dans le cadre de la doctrine aristotélicienne de l'intellect et de l'imagination. Il s'y efforce à travers un long sermon, constitué de six questions et six réponses : un document extraordinaire, tant en raison de sa densité spéculative que de sa diffusion et de sa fortune. Il s'agit du seul texte où Eckhart présente en détail son interprétation de la gnoséologie naturelle d'Aristote d'une façon systématique et éminemment rigoureuse, tout en introduisant les modalités de son dépassement. Quant à la fortune de ce texte, on en connaît une cinquantaine de manuscrits et quatre éditions imprimées[5]. La rédaction B, transmise par toutes les éditions imprimées, attira l'attention de Martin Luther, comme en témoigne une copie de l'édition d'Augsbourg 1508, annotée par ses soins et conservée à la Bibliothèque de Zwickau[6].

1. Eckhart, *Sermons*, trad. AH.-M., p. 170.

2. *Id.*, *Pr.* 9* [S 101], DW IV, p. 335 ; *Sermons*, trad. AH.-M., p. 95.

3. *Id.*, Pr. 16* [S 104], DW IV, p. 566 ; *Sermons*, trad. AH.-M., p. 147.

4. Voir les exemples de l'épanchement du soleil et de l'infusion de l'âme rationelle, *supra*, p. 76.

5. G. Steer, DW IV, p. 493-505 (liste des manuscrits et des éditions imprimées).

6. *Ibid.*, p. 543-544 (avec publication de la note de Luther) : « Martin Luther kommentiert [...] den redigierten Text der B-Fassung ». Voir aussi G. Steer, « Meister Eckhart und Martin

Ce sermon, avec ses six questions, mérite sans nul doute qu'un chapitre de notre travail lui soit consacré. Commençons donc par une brève analyse préliminaire de la doctrine d'Eckhart sur l'activité naturelle de l'intellect car, sur ce point, la littérature n'a pas encore trouvé d'accord. Ici, la terminologie du maître s'avère significativement conforme à la tradition de l'aristotélisme scolastique, comme le démontre le passage-clef qui ouvre ses réflexions et transporte soudainement ses auditeurs dans l'univers des débats universitaires de l'époque :

> *Nû nim den underscheit. Der mensche hât eine würkende vernunft und eine lîdende vernunft und eine mügelîche vernunft*[1].
> Prends bien en compte la distinction ! L'homme possède un intellect agent, un intellect patient et un intellect possible[2].

Sur le fondement, donc, du texte de la rédaction A du sermon[3], et en supposant jusqu'à preuve du contraire que soit possible une interprétation philologiquement rigoureuse[4], on peut d'abord dresser une table des rétroversions des termes allemands aux mots latins qu'ils traduisent :

1) würkende vernunft = intellectus agens (« intellect agent ») ;

2) lîdende vernunft = intellectus passivus (« intellect patient », « passif ») ;

3) mügeliche vernunft = intellectus possibilis (« intellect possible »).

Le couple *würkende vernunft / mügeliche vernunft* ne pose aucune difficulté. Il est bien connu : présenté dans le sermon eckhartien sur les deux fils de l'intellect[5], il constitue par exemple l'objet du traité anonyme

Luther », *in* W. Erb, W. Fischer (éd.), *Meister Eckhart als Denker*, Stuttgart, Kohlhammer, 2017, p. 345-365. À propos du rapport de Luther avec la tradition médiévale, *cf.* V. Leppin, *Die fremde Reformation. Luthers mystische Wurzeln*, München, Beck, 2016.

1. Eckhart, *Pr.* 16* [S 104], DW IV, p. 568.

2. *Id.*, *Sermons*, trad. AH.-M., p. 147-148.

3. Nous soulignons ce point parce que, en ce qui concerne précisément la question de l'intellect, l'auteur de la rédaction B nous semble avoir modifié radicalement le texte originel du fait de problèmes de compréhension. Voir le travail de G. Steer, DW IV, n. 1.

4. Il faut à notre avis étudier avec soin le texte avant d'attribuer à Eckhart des « incertitudes terminologiques », comme le fait avec trop de précipitation C. Jung, « Luther und die Intellekttrichotomie », art. cit., chap. « Terminologische Schwankungen » (p. 63-64), avec la conclusion : « Wie wenig Eckhart an einer terminologischen Fixierung gelegen ist [...] ».

5. Eckhart, *Pr.* 22* [Q 37], DW II, p. 220-223. Ce sermon, important du point de vue terminologique, nous semble cependant surtout consacré à une explication du thème augustinien de la connaissance « matutine » et « vespertine » des anges. G. Steer, DW IV,

Lehre von der Seligkeit (que l'on connaît aussi sous le titre *Von der wirkenden und möglichen Vernunft*)[1], qui temoigne de la stabilité conceptuelle et du haut niveau de technicité terminologique déjà atteint à propos de l'intellect au premier quart du XIVe siècle, dans l'allemand vernaculaire.

Les difficultés surgissent en ce qui concerne l'expression *lîdende vernunft* = « intellectus passivus ».

Notre sermon 16* [S 104] contient pour ainsi dire un « concentré » de *lîdende vernunft* – le syntagme y apparaissant six fois – mais notre connaissance de la terminologie de la littérature philosophique allemande de cette période est à ce propos très lacunaire. Les lexiques n'enregistrent pas ce syntagme et l'interprétation que donne la critique de cette absence est fortement orientée par le commentaire de Steer dans le DW, qui présente une périphrase qui exclut qu'il s'agisse d'un terme technique : « L'intellect est dit "passif" quand Dieu est actif et l'esprit de l'homme "souffre" l'action de Dieu »[2]. Dans le cadre traditionnel de la dichotomie entre intellect « agent » et intellect « possible » (*würkende, mügeliche Vernunft*), Eckhart aurait donc designé comme « passif » (*lîdende*) une modalité spécifique de l'intellect « possible » qui adviendrait dans le cas de la génération du Fils. Il s'agirait, en somme, d'un moment « mystique » de l'intellect possible[3].

p. 324-325, voit une continuité entre la *Pr.* 22* [Q 37] et le « cycle de la génération éternelle » ; le sermon est commenté par M. J. F. M. Hoenen dans G. Steer, L. Sturlese (Hrsg.), *Lectura Eckhardi*, t. II, Stuttgart, Kohlhammer, 2003, p. 89-110, en part. p. 107-109. Voir aussi O. Langer, « Seelengrund. Meister Eckharts mystische Interpretation der aristotelisch-thomasischen Lehre von der Seele », *in* W. Erb, H. Fischer (Hrsg.), *Meister Eckhart als Denker*, *op. cit.*, p. 89-92; dans le même article, p. 92-104, Langer donne une longue analyse du sermon 16* [S 104].

1. N. Winkler, *Von der wirkenden und möglichen Vernunft. Philosophie in der volkssprachigen Predigt nach Meister Eckhart*, Berlin, Akademie Verlag, 2013. *Cf.* aussi L. Sturlese, « Alle origini della mistica speculativa tedesca. Antichi testi su Teodorico di Freiberg », *Medioevo* 3, 1977, p. 48-87; A. Beccarisi, « Dietrich in the Netherlands. A new document in the lower rhenish vernacular », *in* J. Biard, D. Calma, R. Imbach (éd.), *Recherches sur Dietrich de Freiberg*, *op. cit.*, p. 221-237.

2. Eckhart, *Pr.* 16* [S 104], DW IV, p. 561 : « "Leidend" wird sie genannt, wenn Gott wirkend tätig ist und der Geist des Menschen das Wirken Gottes "erleidet" ». À raison, K. Flasch, *Meister Eckhart*, *op. cit.*, p. 92-93, trad. fr., p. 90, souligne l'impropriété de la traduction du verbe moyen haut allemand *lîden* par le moderne *Leiden*, qui évoque une « souffrance ».

3. Dans DW IV, p. 568, Steer semble proposer l'identification de la *lîdende vernunft* avec l'*intellectus materialis;* c'est aussi l'interprétation de N. Winkler, *Von der wirkenden und*

QU'EST-CE QUE L'INTELLECT PASSIF ?

La possibilité de ramener le syntagme *lîdende vernunft* au vocabulaire de l'aristotélisme latin, et donc de replacer le sermon dans le contexte des discussions sur la noétique philosophique du XIIIe siècle, a été défendue de manière convaincante par Alessandra Beccarisi dans un travail récent[1]. En effet, l'expression latine *intellectus passivus* est bien connue des spécialistes de la philosophie scolastique et il est assez curieux que sa valeur technique ait échappé pendant si longtemps à la recherche eckhartienne[2].

Comme l'a montré Alessandra Beccarisi, le sens technique de l'*intellectus passivus* mûrit dans le cadre de la gnoséologie averroïste, dominée par l'ambition de fonder l'universalité et l'intersubjectivité des contenus de la connaissance scientifique (d'où la thèse de l'unicité de l'intellect agent et de l'intellect possible pour toute l'humanité) et dans laquelle l'« intellect passif » – en tant que « raison particulière » et *vis cogitativa* liée aux images sensorielles du sujet connaissant – a pour rôle d'assurer l'individualité et l'intentionnalité de l'acte de connaissance.

Du point de vue terminologique, l'expression tire son origine des versions latines du *De anima* III, 5, 430a25 : « passivus autem intellectus corruptibilis est et sine hoc nihil intelligit »[3]. Les premiers commentaires médiévaux de ce passage proposent déjà l'identification de cet aspect (périssable) de l'intellect avec la « virtus imaginativa »[4]. Indépendamment de la fonction spécifique qu'il exerce dans le système philosophique d'Averroès, le concept d'*intellectus passivus* devient patrimoine commun

möglichen Vernunft, *op. cit.*, n. 453, p. 233 ; « potentiellen intellect » selon B. McGinn dans G. Steer, L. Sturlese (Hrsg.), *Lectura Eckhardi*, t. II, *op. cit.*, p. 229 ; *intellectus possibilis* selon R. Guerizoli, *Die Verinnerlichung des Gottlichen*, *op. cit.*, p. 162.

1. A. Beccarisi, « Zwischen Averroes, Avicenna und Avicebron. Meister Eckhart und die Noetik im Islam und Judentum », *Meister-Eckhart-Jahrbuch* 10, 2016, p. 223-240.

2. L'identification de l'expression allemande et de l'expression latine a été proposée dans le commentaire à Eckhart, *Le 64 prediche*, *op. cit.*, n. 5, p. 244-245.

3. « Passivus » dans la traduction gréco-latine chez Albert le Grand, *De anima*, III, éd. cit., p. 206, et dans la révision de Guillaume de Moerbeke, dans Thomas d'Aquin, *Sentencia libri De anima*, *op. cit.*, III, c. 4, p. 218 ; « passibilis » dans Averroes Latinus, *Commentarium magnum in Aristotelis De anima libros*, III, textus commenti 20, éd. F. S. Crawford, Cambridge (Mass.), The Mediaeval Academy of America, 1953, p. 443.

4. Voir le commentaire de R.-A. Gauthier à la *Sentencia libri De anima* de Thomas d'Aquin, p. 223, avec les citations du ps.-Petrus Hispanus, *Expositio lib. II-III de anima* et du ps.-Adam de Bocfeld, *In de anima*.

de l'aristotélisme du XIIIe siècle et on n'avait pas besoin d'être un « averroïste » pour en faire un usage rigoureux et, surtout, pour savoir qu'il ne fallait pas le confondre avec l'*intellectus possibilis*.

Thomas d'Aquin nous offre un excellent témoignage de ce qu'était la *vulgata* scolaire à ce propos :

> *passivus intellectus, de quo philosophus loquitur [De an., III, 5, 430a25], non est intellectus possibilis, sed ratio particularis, quae dicitur vis cogitativa, habens determinatum organum in corpore, scilicet mediam cellulam capitis*[1].
> l'intellect passif, dont parle le philosophe, n'est pas l'intellect possible, mais la raison particulière, que l'on appelle la capacité cogitative, et qui a un organe déterminé dans le corps, c'est-à-dire la cellule moyenne de la tête.

L'*intellectus passivus – lîdende vernunft* est donc tout autre chose que l'*intellectus possibilis* : il s'agit d'une faculté physiologiquement localisée dans la partie centrale du cerveau où, en continuité avec la « virtus imaginativa », elle exerce la « ratio particularis » ou « vis cogitativa », en s'affrontant aux images particulières tirées de la sensibilité. Ce complexe imaginatif, avec ses différents degrés de raffinement, est le « phantasma » (« représentation de l'imagination »). Eckhart écrit à ce propos : « quand les puissances de l'âme touchent les créatures, elles prennent et créent image et ressemblance à partir des créatures et les attirent en elles »[2]. Sans ces images, l'âme ne peut rien connaître (« sine phantasmate accepto a sensu non est intelligere »)[3] et le fait que nous dépendions de ces répresentations imaginatives qui se succèdent est la raison de la discursivité de notre connaissance (« nous devons nous tourner d'une chose [=représentation imaginative] vers une autre »)[4].

Eckhart partage aussi avec l'aristotélisme la conviction que les concepts universels sont le résultat de l'action abstractive de l'intellect agent sur les représentations imaginatives et leurs combinaisons par la *vis*

1. Thomas d'Aquin, *Super IV librum Sententiarum*, dist. 50, q. 1 a. 1 ad 3, éd. Piana, VII/2, Romae, ap. I. Accoltum, 1570, f. 264vb.

2. Eckhart, *Pr.* 9* [S 101], DW IV, p. 346 : « swenne die krefte der sêle rüerent die crêatûren, sô nement sie und schepfent bilde und glîchnisse von den crêatûren und ziehent die in sich » ; *Sermons*, trad. AH.-M., p. 98.

3. *Id.*, *Lib. par. Gen.*, n. 113, LW I/2, p. 390.

4. *Id.*, *Pr.* 13* [S 102], DW IV, p. 418 : « wan wir uns kêren müezen von einem ûf daz ander, dar umbe enmac ez niht an uns in einem gesîn âne hindernisse des andern » ; *Sermons*, trad. AH.-M., p. 122.

cogitativa. Du fait de sa tendance naturelle à comprendre son objet – la quiddité comme « vérité de la substance » (*die wârheit eines wesens*) –, l'intellect passe d'une intellection à l'autre dans une recherche continue. Eckhart esquisse comme suit son interprétation complète du processus de la connaissance naturelle :

> *Diu würkende vernunft houwet diu bilde abe [abstrahit] von den ûzern dingen und entkleidet sie von materie [exspoliat a materia] und von zuovalle [ab accidentibus] und setzet sie in die lîdende vernunft, und diu gebirt [concipit] ir geistlîchiu bilde in sie. Und sô diu lîdende vernunft von der würkenden swanger worden ist, sô behebet und bekennet si diu dinc mit helfe der würkenden vernunft. Nochdenne enmac diu lîdende vernunft diu dinc niht behalten in bekantnisse, diu würkende enmueze sie anderwerbe erliuhten*[1].
> L'intellect agent abstrait les images des choses extérieures, les dépouille de la matière et de la contingence, il les introduit dans l'intellect patient [passif] et engendre en lui leur image spirituelle. Ainsi l'intellect patient [passif] est rendu fécond par l'agent, connaissant les choses et les écartant avec l'aide de l'intellect agent. Par conséquent [Cependant], l'intellect patient [passif] ne peut se maintenir dans la connaissance des choses que dans la mesure où l'agent resplendit en lui [de nouveau][2].

L'action conjointe de l'intellect agent et de la représentation imaginative a un champ d'application aussi infini que l'imagination elle-même. Cette potentialité infinie est l'« intellectus possibilis », qui constitue, en tant que tel, une relation (*respectus*) de l'intellect agent avec l'intellect passif et advient dans chaque intellection[3].

Dans les textes analysés, Eckhart formule comme on le voit une explication très cohérente de la dynamique de la gnoséologie naturelle. Il le fait en utilisant une boîte à outils conceptuels empruntée à Averroès, tout en sauvegardant l'individualité de l'âme et de l'intellect agent. Il ne s'agit donc pas de faire d'Eckhart un « averroïste » (comme Jung le reproche à Alessandra Beccarisi)[4], mais de définir historiquement ses outils

1. Eckhart, *Pr.* 16* [S 104], DW IV, p. 585-587. Entre crochets carrés figurent les lexèmes latins aisément reconnaissables comme étant à l'origine des expressions en moyen-haut allemand.

2. *Id.*, *Sermons*, trad. AH.-M., p. 151-152.

3. *Id.*, *Pr.* 16* [S 104], DW IV, p. 570-571 : « diu mügelîche vernunft diu luoget [= *respicit*] ze in beiden : swaz got gewürken müge und der geist gelîden, daz daz ervolget werde nâch mügelicheit » ; *Sermons*, trad. AH.-M., p. 148.

4. C. Jung, « Luther und die Intellekttrichotomie », art. cit., p. 64-68.

conceptuels. L'activité naturelle de l'intellect se structure ici, d'une façon typiquement aristotélisante, comme recherche continue de la « vérité de la substance »[1].

DE L'ORDRE DE LA NATURE À L'ORDRE DE LA MORALITÉ

À l'issue de cette exploration de la noétique naturelle exposée dans le sermon 16* [S 104], nous pouvons revenir à la question de départ :

> la génération, dont nous avons parlé, se produit-elle *sans cesse* ou seulement *parfois*, quand l'homme se dispose et fait tout ce qu'il peut pour oublier toutes choses et se savoir seul à l'intérieur ?

En toute franchise, il ne nous semble pas que se dessine là une véritable alternative. Le plan de la génération « sans cesse » est en effet radicalement différent de celui de la génération « parfois », en ce que la première est celle de Dieu immuable de toute l'éternité, tandis que la seconde est celle du sujet dans le temps.

Dans sa réponse, Eckhart semble surtout intéressé par l'analyse de la génération « parfois » (*underwîlen*), qui contraste en apparence à la fois avec l'immutabilité générative de Dieu et avec l'impossibilité de se détourner de la vision unitive (*schouwen*) une fois qu'elle est atteinte. À en juger par les questions suivantes, dédiées surtout à la mise en valeur de la « vita activa » et de l'individualité du sujet dans la contemplation, Eckhart veut probablement jeter ici les bases de la réfutation d'une possible interprétation quiétiste de sa doctrine[2].

Il présente en premier lieu la perspective d'un dépassement de la connaissance naturelle et propose une sorte de réforme du modèle aristotélicien de la connaissance. Nous avons vu que ce modèle est fondé sur l'action conjointe de l'intellect agent et des représentations imaginatives élaborées par la « virtus cogitativa ». Eckhart s'appuie sur le deuxième

1. Eckhart, *Pr.* 16* [S 104], DW IV, p. 592-593 : « Swenne diu vernunft bekennet ein wârheit eines wesens, zehant sô neiget si sich dar ûf und lât sich dâ in ein ruowe, und dâ sprichet si ir wort vernünfticlîche von dem vürwurfe, den si dâ hât. Mêr : alsô lange diu vernunft des wesens wârheit eigenlîche niht envindet [...], alsô lange stât si alles in einem suochenne und in einem beitenne und enneiget sich niht noch enruowet niht » ; *Sermons*, trad. AH.-M., p. 153 (vérité propre de l'être M).

2. Voir *infra*, p. 92.

élément : « l'homme ne peut parvenir à cette naissance [génération] à moins qu'il ne se retire de toutes choses avec tous ses sens »[1]. Il exige donc que le sujet se soustraie au diktat du monde extérieur et renonce à toutes les images sensorielles et à leurs élaborations. Le vide imaginatif qui en résulte « désactive » l'intellect agent individuel, l'empêchant d'exercer l'une quelconque de ses opérations en absence de tout substrat. Dans le « silence » qui suit, Dieu émerge selon un double aspect :

– comme celui qui assume la fonction de l'intellect agent du sujet (« alors l'Esprit de Dieu l'entreprend [le prend à son compte], lui et son œuvre, et l'esprit voit et pâtit Dieu »)[2] ;

– comme source d'une représentation imaginative sur laquelle il exerce cette fonction d'agent, une représentation qu'il peut « montrer » (*wîsen*) ou bien « obscurer » (*bedecken*) et « omettre » (*lâzen*) (« Dieu le cache et le montre comme il veut » : *got bedecket ... sô er wil, und wîset ez ouch, sô er wil*)[3].

Sur ces points (intellect agent et représentation imaginative), Eckhart reviendra plus tard dans la troisième question[4] et nous aurons l'occasion d'ajouter quelques détails concernant l'image provenant du divin. Il n'est pourtant pas difficile de reconnaître dès à présent derrière cette doctrine un modèle qu'Eckhart a déjà élaboré et éprouvé dans les *Entretiens*. Dans l'œuvre d'Erfurt, en effet, il a étudié la « réceptivité possible » en tant que résultat du renoncement à la volonté propre. À présent, il déplace son attention vers le renoncement aux représentations imaginatives individuelles. Là, le renoncement à la volonté propre ouvrait la porte à la volonté de Dieu ; ici, le renoncement aux images ouvre la porte à Dieu comme intellect et comme source d'images divines.

Dans les deux cas, Eckhart établit la négation de la détermination individuelle (la volonté propre, les images propres) comme condition pour permettre à l'Absolu de reprendre ses droits premiers et de se manifester dans l'esprit du sujet, dont il a été repoussé suite à la revendication d'une fausse autonomie par la volonté et par l'intellect. Cette réintégration de

1. Eckhart, *Pr.* 16* [S 104], DW IV, p. 567 : « Der mensche enmac niht komen ze dîrre geburt, er entziehe sich denne aller sîner sînne in allen dingen » ; *Sermons,* trad. AH.-M., p. 147.

2. *Id., Pr.* 16* [S 104], DW IV, p. 572 : « sô underwindet sich sîn gotes geist und des werkes und denne sô schouwet und lîdet der geist got » ; *Sermons,* trad. AH.-M., p. 148.

3. *Id., Pr.* 16* [S 104], DW IV, p. 576 ; *Sermons,* trad. AH.-M., p. 140.

4. Voir *infra*, p. 92.

Dieu dans l'âme est la réintégration d'une unité originaire, dans laquelle il faut renoncer à la dimension individuelle en tant que telle. Néanmoins, la génération du Fils – ininterrompue, unique et universelle – n'exclut pas une modulation individuelle (la « réceptivité possible » selon la capacité propre) et c'est exactement pour cela qu'Eckhart soulève la question du « parfois », qui met l'accent sur l'individualité par rapport à l'immuabilité « sans cesse » de la génération divine.

Eckhart propose à cela une raison formulée dans des termes apparemment très traditionnels : c'est Dieu qui échappe « parfois » à l'esprit parce que la contemplation, dans ce corps, si elle était incessante, conduirait à la mort, ce qui signifierait la fin du sujet et la destruction de la nature, ce que Dieu ne peut envisager car son but est toujours la perfection de cette dernière[1]. Si l'on examine le fond de l'argumentation, cela signifie que l'« échappement » de Dieu dépend, plus que de Dieu, du sujet et de sa constitution ontologique en tant qu'individualité de nature, que Dieu ne peut que sauvegarder.

La perfection de la nature se réfère ici à l'individualité, c'est-à-dire à la dimension spatio-temporelle de la distinction. Si, donc, la génération est bien unité et indistinction, et que par conséquent l'intellect agent et la représentation dans laquelle Dieu agit est – comme l'écrit Eckhart – la *sienne* et non la *mienne*, cela n'élimine pas l'individualité du sujet en tant qu'entité de nature.

Contrairement, donc, à ce à quoi on pouvait s'attendre, une doctrine qui semblait avoir été conçue avant tout pour « dissoudre » l'individu avec son monde imaginatif dans l'indistinction mystique de l'unité, conduit finalement à une défense consciente de l'individualité naturelle.

Dans les questions suivantes, différentes étapes de cette défense peuvent être observées : la légitimation des œuvres individuelles d'amour (*minnewerk*)[2] ; l'irrépressibilité des images individuelles dans l'agir moral[3] ; la recherche d'un soutien (*enthalt*) dans la recherche individuelle

1. Eckhart, *Pr.* 16* [S 104], DW IV, p. 572-573 : « Wan aber daz lîden und daz schouwen gotes dem geiste überlestic ist sunderlîche în disem lîbe, dar umbe underziuhet sich got dem geiste underwîlen » ; *Sermons,* trad. AH.-M., p. 148 : « Mais comme le pâtir et la contemplation de Dieu sont difficiles à supporter pour l'esprit, surtout dans ce corps, Dieu se dérobe parfois à l'esprit ».

2. Question suivante, p. 89.

3. Question suivante, p. 91.

de la vérité[1]; le désir et le tourment qui accompagnent cette recherche[2]; l'utilité des œuvres extérieures[3]. Il s'agit toujours de vie active et de volonté : Eckhart explore ici les aspects de l'agir moral et ses fondements.

LES ŒUVRES D'AMOUR, VIE ACTIVE ET VIE CONTEMPLATIVE

La deuxième question concerne les conséquences que le renoncement aux images extérieures peut avoir sur la vie active :

> *Nû möhtest dû sprechen : ach, herre, sît daz man hie zuo bedarf eines ledigen gemüetes von allen bilden und von allen werken, diu nochdenne in den kreften sint joch von natûre, wie sol ez denne ergân von den ûtzern werken, diu man doch underwîlen tuon muoz, als minnewerk, diu alliu ûzwendic geschehent, als lêren und trœsten die dürftigen, sol man in disem beroubet werden* [...][4] ?
> Or tu pourrais dire : Ah, Seigneur, si cela exige un esprit libéré de toutes images et de toutes opérations qui sont cependant naturelles dans les puissances, comment doit-on alors se comporter à propos des œuvres extérieures que l'on doit cependant parfois accomplir, comme les œuvres de charité [d'amour] qui se produisent à l'extérieur, tels l'enseignement et la consolation de ceux qui sont dans le besoin [...][5] ?

La réponse d'Eckhart est que les œuvres d'amour pour le prochain, en tant qu'actions extérieures, n'ont aucune valeur en soi. Leur valeur morale est fonction des actions intérieures qu'elles manifestent.

Sur cette ligne, Eckhart reste constant des *Entretiens*[6] à sa défense en Avignon peu avant sa mort (« l'acte extérieur n'a pas de bonté morale sans la bonté de l'acte intérieur »)[7]. Toutefois, cette position ne constitue pas un rejet de la vie active. En cela, le maître se conforme explicitement à la

1. Eckhart, *Pr.* 16* [S 104], DW IV, p. 591 *sq.* (pour la traduction du terme *enthalt*, voir n. 3, p. 94) ; *Sermons,* trad. AH.-M., p. 153.
2. *Id.*, *Pr.* 16* [S 104], DW IV, p. 596 *sq.* ; *Sermons,* trad. AH.-M., p. 154.
3. Eckhart, *Pr.* 16* [S 104], DW IV, p. 602 *sq.* ; *Sermons,* trad. AH.-M., p. 156.
4. *Id.*, *Pr.* 16* [S 104], DW IV, p. 577-578.
5. *Id.*, *Sermons,* trad. AH.-M., p. 149.
6. *Id.*, *Reden*, c. 10, DW V, p. 219 : « wesen der minne, werk der minne ».
7. *Id.*, *Votum Avenionense*, art. 10-13, LW V, p. 577 : « Deus praecipit actum exteriorem, sed non praecipit proprie, et quia actus exterior non habet bonitatem moralem sine actus interioris bonitate. Unde principalius vult deus actum bonum interiorem quam exteriorem ».

position de Thomas d'Aquin[1], en stigmatisant comme stériles et infructueux ceux qui croient avoir atteint la perfection et méprisent les œuvres de la vertu : « Dans la contemplation, tu te sers seulement toi-même, alors que dans les œuvres vertueuses, tu sers la multitude »[2], contrairement à ces « personnes qui se soucient seulement de la contemplation et ne se soucient pas des œuvres vertueuses et disent que celles-ci ne les concernent pas, parce qu'ils sont parvenus au-delà [*sie sin dar über komen*] »[3].

Ces derniers mots constituent un signal clair du regard critique que porte le Maître sur les positions quiétistes de son époque : c'est le cas de la formule *über komen*, comme il apparaît à la lecture du *Livre de l'Esprit* (*Geistbuch*), un traité sur les degrés de perfection spirituelle qui fait figurer au quatrième degré « les hommes "trépassés" [*vberkommen*] ou les morts, dont Jean dit : "Heureux les morts qui meurent en Dieu" »[4].

Pas de « mort mystique », donc : selon Eckhart, le renoncement aux images et la contemplation qui en découle ne doivent pas conduire au quiétisme mais doivent résonner dans l'agitation de la vie quotidienne animée et ravivée par la conscience de la génération qui a eu lieu. Ce thème a été bien exploré par la critique par rapport à l'analyse eckhartienne des figures de Marthe et de Marie[5].

Un autre acquis important est aussi tiré de l'exemple de ce qu'est le *minnewerk*. Les œuvres d'amour et de vertu qui sont revivifiées par la contemplation de la vérité sont littéralement « l'enseignement et la consolation de ceux qui sont dans le besoin » (*lêren und die dürftigen trœsten*), où

1. *Id.*, *Pr.* 16* [S 104], DW IV, p. 579-580 : « Meister Thomas sprichet : Dâ sî daz würkende leben bezzer dan daz schouwende leben, dâ man in der würklicheit ûzgiuzet von minne, daz man îngenomen hât in der schouwunge ». Voir Thomas d'Aquin, *Summa theol.*, III, q. 40, a. 1 ad 2, p. 2063.

2. Eckhart, *Pr.* 16* [S 104], DW IV, p. 581 : « in der schouwunge dienest dû aleine dir selber, aber in der tugentlîchen würkunge dâ dienest dû der menige » ; *Sermons*, trad. AH.-M., p. 150.

3. *Id.*, *Pr.* 16* [S 104], DW IV, p. 583-584 : « die liute, die aleine ahtent der schouwelicheit und niht enahtent tugentlîcher würkunge und sprechent, sie enbedürfen sîn niht, sie sin dar über komen » ; *Sermons*, trad. AH.-M., p. 151.

4. Anonyme, *Das Geistbuch. Ein Traktat zur Vollkommenheit aus dem Umkreis Meister Eckharts*, éd. D. Gottschall, Leiden, Brill, 2011, chap. 5, p. 49 : « Di vierden daz sint die vberkommen menschen oder die toten, Johannes sprichet : "Selig sint die toten, die in got sterbent" ».

5. Voir surtout D. Mieth, *Meister Eckhart*, München, Beck, 2014, p. 192-196, et son commentaire à la *Pr.* Q 86, *in* G. Steer, L. Sturlese (Hrsg.), *Lectura Eckhardi*, t. II, *op. cit.*, p. 139-175 (on y trouvera les références à la littérature pertinente).

« consoler » doit être compris au sens d'« offrir des raisons de consolation ». Les racines et la légitimation du célèbre *Livre de la consolation divine* se trouvent dans la doctrine du *minnewerk* individuel.

Cependant, insiste la troisième question, comment « enseigner ceci ou conforter cela » et rejeter toute image ?

> *Nû mohtest dû sprechen: Ach, herre, waz sol ez denne sîn mit dem stilleswîgenne, von dem ir uns sô vil gesaget hât? Wan hie zuo gehœrent vil bilde, wan ein ieglich werk muoz geschehen in sînem eigenen bilde, ez sîn inwendigiu oder ûzwendigiu werk, ez sî, daz ich disen lêre oder den trœste und diz und daz berihte. Waz stille mac ich dâ gehaben? Wan sô diu vernunft bekennet und bildet und daz der wille wil und denne daz gehugnisse sich dar ane heftet, ensint diz niht allez bilde*[1] ?
>
> Or tu pourrais dire : ah, Seigneur, qu'en est-il de ce silence tranquille dont tu nous as tant parlé ? Beaucoup d'images sont à prendre en compte ici, car chaque opération doit se produire dans une image appropriée, que ce soit une opération intérieure ou une opération extérieure, que j'enseigne à celui-ci ou que je console celui-là, que j'arrange ceci ou cela. Quelle tranquillité puis-je avoir là ? En effet, si l'intellect connaît et imagine, et que la volonté veut, et que la mémoire s'arrête sur quelque chose, tout cela ne nécessite-t-il pas des images[2] ?

La thèse à laquelle Eckhart va se confronter est celle de l'irrépressibilité de l'image par rapport à toute action intérieure ou extérieure. La sortie de la dimension imaginative, en tant qu'elle dépend des sens et est orientée vers le monde extérieur, est bien la première condition pour la génération [citée ci-dessus]. Mais quand nous en prenons conscience, si nous ne voulons pas « mourir dans le monde » et tomber dans la stérilité de la perfection du « parvenu au delà » (*überkommen*), nous devons retourner à la vie quotidienne, même avec une nouvelle conscience. Et pour ce faire, les images, dit Eckhart, sont nécessaires.

Cette déclaration ne peut que surprendre. C'est une nouveauté, si l'on considère l'aversion de la tradition pour la pensée imaginative, qui se nourrit non seulement de la tradition augustinienne (à laquelle Eckhart est d'ailleurs très sensible)[3], mais aussi de la métaphysique de l'aristotélisme vulgaire (dépendance au *diktat* du monde extérieur, primauté de la substance, etc.).

1. Eckhart, *Pr.* 16* [S 104], DW IV, p. 584-585.
2. *Id.*, *Sermons*, trad. AH.-M., p. 151.
3. Voir le volume du *Meister-Eckhart-Jahrbuch* 3, 2011, dédié au thème « Meister Eckhart und Augustinus ».

Mais *quelles* sont exactement les images en question ? On peut trouver une réponse dans un passage où Eckhart reprend l'analyse de la relation entre intellect agent et intellect passif. L'arrêt des images sensorielles et la « désactivation » de l'intellect qui en résulte ont pour effet une immobilité qui fait ressortir la présence de Dieu : « alors Dieu doit nécessairement se préoccuper de l'opération, et il doit être lui-même le maître d'œuvre et naître lui-même dans l'intellect patient »[1]. Or, la présence de Dieu se manifeste comme une génération d'images :

> *sô got würket an der stat der würkenden vernunft, sô gebirt er manigiu bilde mit einander in einem puncten. Wan als got dich beweget ze einem guoten werke, zehant sô erbietent sich alle dîne krefte ze allen guoten werken : dîn gemüete gât mit der vart ûf allez guot. Waz dû guotes vermaht, daz erbildet sich und erbiutet sich dâ allez mit einander in einem blicke und in einem puncten. Entriuwen, daz offenbâret und bewœret, daz ez der vernunft werk niht enist, wan si enhât des adels noch der rîcheit niht, mêr : ez ist des werk und des geburt, der alliu bilde mit einander in im selber hât*[2].
>
> Mais quand Dieu opère au lieu de l'intellect agent, il fait naître ensemble une multitude d'images en un instant. Car quand Dieu t'incite à une opération bonne, immédiatement toutes tes puissances sont sollicitées pour toutes les bonnes opérations : ton esprit se met en route vers tout ce qui est bon. Tout ce que tu fais de bien se forme et se rassemble en un instant et en un point. En vérité, ce qui se révèle et se manifeste n'est pas l'œuvre de l'intellect car il n'a pas la noblesse ni la richesse pour cela ; c'est l'opération et la naissance de celui qui possède en lui-même toutes les images rassemblées[3].

Il ressort clairement de ce texte que le discours eckhartien se situe au niveau de la moralité (« bonnes œuvres », *guote werke*) – un niveau distinct de celui de la connaissance intellectuelle de la nature, dont les modalités ont été détaillées plus haut[4]. On a déjà mentionné à ce propos la distinction entre « providence naturelle » et « providence volontaire » (c'est-à-dire entre l'univers de la nécessité naturelle et l'univers de la liberté et de la

1. Eckhart, *Pr.* 16* [S 104], DW IV, p. 588-589 : « sô muoz sich got von nôt des werkes underwinden und muoz selber dâ werkmeister sîn und sich selber gebern in die lîdende vernunft » ; *Sermons*, trad. AH.-M., p. 152.

2. *Id.*, *Pr.* 16* [S 104], DW IV, p. 590.

3. *Id.*, *Sermons*, trad. AH.-M., p. 152.

4. Voir *supra* p. 86-88.

grâce) élaborée dans l'école d'Albert le Grand par Ulrich de Strasbourg et Dietrich de Freiberg[1] : Eckhart semble en dépendre.

Sa position se caractérise par le développement d'une doctrine de l'acte moral comme résultat d'une double composante, une composante transindividuelle (« divine », formulée comme substitution de Dieu à l'intellect agent) et une composante imaginative individuelle (une image qui ne dérive pas des sens extérieurs mais au contraire d'une spontanéité intérieure, orientée vers l'extérieur, sans en dépendre, d'une manière autonome).

Or, à la différence de la connaissance scientifique, dans le cas de laquelle les répresentations imaginatives de la *vis cogitativa* se succèdent nécessairement l'une après l'autre, l'image ici considérée se montre comme une synthèse « en un point » (c'est-à-dire qu'elle est toujours la même) et pousse spontanément à l'acte moral en tant que partie organique d'un tout moral et non comme représentation isolée.

Cette image unitaire d'origine divine, reçue par le sujet « dans le temps »[2], se répand dans les facultés de l'âme en réalisant des « actes moraux » (*guete werke*) différents. L'exemple d'Eckhart est significatif : « le désir, l'intention bonne, les œuvres de charité, la reconnaissance »[3] On pourrait sûrement ajouter : « les œuvres de justice, de providence, de vérité, d'unité, de sagesse... » – en somme, les œuvres fondées sur les « perfections de l'esprit » (*perfectiones spirituales*)[4].

Tout cela, nous dit Eckhart en scellant finalement l'idée d'autonomie qui émerge de son analyse de la moralité, n'est pas « à toi » mais appartient

1. Voir L. Sturlese, *Storia della filosofia tedesca*, *op. cit.*, p. 179-180 et p. 204-210.

2. Eckhart, *Pr.* 16* [S 104], DW IV, p. 591 « Aleine ez zîtlîche von dir wirt enpfangen, doch wirt ez von gote geborn und gegeben über zît und in êwicheit über alliu bilde » ; *Sermons*, trad. AH.-M., p. 152.

3. *Id.*, *Pr.* 16* [S 104], DW IV, p. 599-600 : « got gebirt in der sêle sîn geburt und sîn wort, und diu sêle enpfæhet ez und gibet ez vürbaz den kreften in maniger wîse : nû in einer begerunge, nû in guoter meinunge, nû in minnewerken, nû in dankbærkeit, oder swie ez dich rüeret » ; *Sermons*, trad. AH.-M., p. 155.

4. B. Mojsisch, « Perfectiones spirituales – Meister Eckharts Theorie der geistigen Vollkommenheiten. Mit possibilitätsphilosophischen Reflexionen », *in* M. Pickavé (Hrsg.), *Die Logik der Transzendentalen. Festschrift für Jan A. Aertsen zum 65. Geburtstag*, Berlin-New York, De Gruyter, 2003, p. 511-534 ; L. Sturlese, « La dottrina delle perfezioni divine di Eckhart nell'interpretazione di Giordano di Quedlinburg », *in* T. Iremadze (ed.), *Philosophy in Global Change. Jubilee Volume Dedicated to the 65th Anniversary of Burkhard Mojsisch*, Tblisi, Nekeri, 2011, p. 180-191 ; L. Sturlese, « Hat Meister Eckhart Dietrich von Freiberg gelesen ? », art. cit., p. 11-37.

à Dieu : « Tout est de lui et rien n'est de toi »[1]. En réfléchissant sur cette sentence, il ne faut pas oublier qu'en vérité il n'y a qu'un « Lui » et que la distinction entre « Lui » et « toi » est une illusion qui dérive de l'erreur capitale de se croire distinct de Dieu.

LE SOUTIEN DE L'INTELLECT, LE DÉSIR ET LE TOURMENT DANS LA RECHERCHE DE LA VÉRITÉ

Les questions suivantes articulent d'une façon très intéressante l'aspect individuel de la recherche de la vérité qui caractérise la substance de l'intellect[2] :

> *Nû möhtest dû vrâgen : Sît dem mâle daz sich mîn vernunft hât beroubet irs natiurlîchen werkes und daz si kein eigen bilde noch werk niht enhât, war ûf ist denne ir enthalten ? Wan si muoz sich iemer ûf etwaz enthalten. Die krefte wellent sich iemer etwâ aneheften und dar inne würken, ez sî gehugnisse, vernunft und wille*[3].
>
> Or tu pourrais demander : étant donné que mon intellect a abandonné son opération naturelle et qu'il n'a plus aucune image ni opération en propre, sur quoi peut-il se soutenir ? Car il doit bien se soutenir sur quelque chose. Les puissances veulent toujours s'attacher à quelque chose et opérer à partir de là, que ce soit la mémoire, l'intellect et la volonté[4].

Avec la question du « soutien », Eckhart aborde un point décisif pour l'activité de l'intellect du point de vue éthique (c'est-à-dire après qu'il « a abandonné son opération naturelle ») mais aussi du point de vue de l'opération naturelle elle-même. On sait que, dans la tradition aristotélicienne, l'objet de l'intellect est « la vérité de la substance », la *quidditas*, et donc « quand l'intellect connaît une vérité d'un être, aussitôt il s'incline devant elle et s'y délaisse dans le repos, et là il prononce de façon intellectuelle sa parole sur l'objet qu'il a devant lui »[5].

1. Eckhart, *Pr.* 16* [S 104], DW IV, p. 600 : « Ez ist allez sîn und niht dîn mit nihte ».

2. *Id.*, *Pr.* 39* [Q 69], DW III, p. 169 : « vernünfticheit [...] hât [...] vünf eigenschefte an ir [...] Daz vierde, daz si in ir selber würkende oder suochende ist ».

3. *Id.*, *Pr.* 16* [S 104], DW IV, p. 591-592.

4. *Id.*, *Sermons,* trad. AH.-M., p. 153 : nous substituons notre traduction à celle d'AH.-M. (le mot *enthalt* ne signifie pas « contenu » mais « soutien », « appui »).

5. *Id.*, *Pr.* 16* [S 104], DW IV, p. 592-593 : « Swenne diu vernunft bekennet ein wârheit eines wesens, zehant sô neiget si sich dar ûf und lât sich dâ in ein ruowe, und dâ sprichet si ir wort vernünfticlîche von dem vürwurfe, den si dâ hât » ; *Sermons,* trad. AH.-M., p. 153.

Dans le « repos » de la connaissance réalisée, l'intellect trouve son « soutien ». Ce repos de la connaissance est précisément ce qui ne peut être conquis dans l'ordre de la génération éternelle, parce que la substance de Dieu n'est pas connaissable.

Selon Eckhart, c'est en réalité toute la vie intellectuelle – tant dans le cas de l'intellect naturel que dans celui de l'intellect « réformé » – qui consiste avant tout dans la « fatigue de la recherche »[1], et cette dernière est motivée par un manque de soutien plutôt que par la quiétude et le repos de la vérité.

On peut donc bien dire que le « silence » dans lequel la génération se réalise implique « tourment et désir » :

> *Nû möhtest dû sprechen : ach, herre, ir hât uns gar vil gesagt, daz alle krefte suln swîgen, und alliu dinc setzet ir nû in ein queln und in ein begern hie in dirre stille* [...][2].
> Or tu pourrais dire : ah, Seigneur, vous nous avez très souvent dit que toutes les puissances doivent garder le silence. Et maintenant dans ce calme, vous placez toute chose dans un tourment et dans un désir [...][3].

Mais ce tourment se dissout dans l'abandon de soi-même en tant que distinct de Dieu : « Tu t'es délaissé et tu es sorti de tes puissances et de leurs opérations et de ton être propre, c'est pourquoi Dieu doit absolument entrer dans l'être et dans les puissances »[4].

HOMME EXTÉRIEUR ET HOMME INTÉRIEUR

Dans la dernière question du sermon, Eckhart est de nouveau confronté à la question décisive de savoir comment gérer sa vie spirituelle, s'il faut attendre passivement la venue de Dieu, ou s'il faut aussi exercer des activités vertueuses :

1. Eckhart, *Pr.* 16* [S 104], DW IV, p. 594 : « in einem suochenne und in einem beitenne [...] in einem beitenne und in einem arbeitenne » ; *Sermons,* trad. AH.-M., p. 153 : « une attitude de recherche et d'attente [...] une attitude d'attente et de travail [fatigue] ».

2. *Id., Pr.* 16* [S 104], DW IV, p. 596-597.

3. *Id., Sermons,* trad. AH.-M., p. 154.

4. *Id., Pr.* 16* [S 104], DW IV, p. 600-601 : « Wan dû hâst dich gelâzen und bist ûzgegangen dînen kreften und ir werke und dînes wesens eigenschaft, dar umbe muoz got alzemâle îngân in wesen und in krefte » ; *Sermons,* trad. AH.-M., p. 155.

> *Nû möhtest dû sprechen : ach, herre, wie sol sich der mensche halten, der sîn selbes und aller dinge zemâle sol ledic und wüeste werden : weder sol der mensche alzît in einem wartenne sîn des werken gotes und niht würken, oder sol er etwenne selber etwaz würken als beten und lesen und anderiu tugentlîchiu werk würken, ez sî predige hœren oder die geschrift üeben ? Sît daz dirre menschen niht nemen ensol von ûzwendicheit, mêr : allez von inwendicheit von sînem gote, und ob dirre mensche diu werk niht entuot, versûmet er denne iht*[1] *?*
>
> Or tu pourrais dire : ah, Seigneur, comment doit se comporter l'homme qui doit se libérer de lui-même et de toutes choses et devenir un désert ? L'homme doit-il être tout le temps dans l'attente de l'opération de Dieu et ne rien opérer, ou bien doit-il quelquefois opérer par lui-même quelque chose comme prier ou lire ou accomplir une autre œuvre vertueuse, que ce soit écouter un sermon ou étudier l'Écriture ? Étant donné que cet homme ne doit rien prendre de l'extériorité, mais qu'au contraire tout doit venir de l'intériorité à partir de son Dieu, néglige-t-il [perd-il] quoi que ce soit s'il n'accomplit pas son opération[2] ?

On peut résumer la réponse par la formule finale : « on doit plus regarder le fruit et la vérité intérieure que l'opération extérieure »[3]. Conformément à cette règle, Eckhart ne rejette pas les actions extérieures (« prier, lire, chanter, jeûner, veiller et autres exercices vertueux »)[4], parce qu'elles ont pour fonction d'exercer la vertu, étant orientées vers l'intériorité. « Toutes les œuvres extérieures sont ainsi disposées et ordonnées afin que l'homme extérieur soit dirigé en Dieu et ordonné vers la vie spirituelle et vers les bonnes œuvres »[5]. Donc, poursuit Eckhart,

> *wan der mensche gewar wirt, daz der geist gotes in im niht enwürket und daz der inner mensche von gote gelâzen ist, sô ist ez gar nôt, daz sich der ûzer mensche in allen tugenden üebe und sunderlîche an den, die im aller mügelîchest sint […] daz er alsô gote anehafte, daz in got nâhe vinde, swenne er wider komen wil und sîn werk würken in der sêle, daz er sie*

1. Eckhart, *Pr.* 16* [S 104], DW IV, p. 602.

2. *Id.*, *Sermons*, trad. AH.-M., p. 156.

3. *Id.*, Pr. 16* [S 104], DW IV, p. 608-609 ; *Sermons*, trad. AH.-M., p. 158.

4. *Id.*, Pr. 16* [S 104], DW IV, p. 603 : « beten, lesen, singen, vasten, wachen und swaz tugentlîcher üebunge ist » ; *Sermons*, trad. AH.-M., p. 156.

5. *Id.*, Pr. 16* [S 104], DW IV, p. 603 : « Alliu ûzwendigiu werk sint dar umbe gesetzet und geordent, daz der ûzer mensche dâ mite werde in got gerihtet und geordent und ze geistlîchem lebene und ze guoten dingen » ; *Sermons*, trad. AH.-M., p. 156.

> *denne niht verre endürfe suochen. Swenne sich aber der mensche vindet wol geordent ze wârer innerkeit, sô lâz küenlîche abe alle ûzwendicheit*[1].
> si l'homme est certain que l'Esprit de Dieu n'opère pas en lui et que l'homme intérieur est ainsi délaissé de Dieu, alors il est plus que nécessaire que l'homme extérieur s'exerce dans toutes les vertus, et principalement dans celles qui sont le plus accessibles, [...] mais qu'il s'attache à Dieu et se trouve près de Dieu, en sorte que, quand Dieu voudra revenir et accomplir son opération dans l'âme, il n'ait pas besoin de la chercher trop loin[2].

Deux points de ce texte méritent une attention particulière : le premier est le binôme *ûzer mensche/inner mensche,* « homme extérieur/homme intérieur », un binôme fondamental pour Eckhart qui fera l'objet d'une réflexion dans les œuvres latines et dans deux traités allemands[3] ; le second est la manière assez détaillée dont la « génération éternelle » est présentée sous l'aspect de l'impermanence individuelle et temporelle, et dont on peut déduire quelques prémisses importantes sous-jacentes au discours eckhartien.

La référence à l'homme « extérieur » et « intérieur » est en réalité, au niveau des œuvres que nous commentons, encore assez rhapsodique, et deviendra de plus en plus importante dans les œuvres suivantes. Eckhart réfléchit ici sur l'aspect transitoire de la contemplation et, en particulier, sur le moment où l'*inner mensche* se sent « abandonné par Dieu ». Dans ce cas, il recommande l'exercice des œuvres vertueuses par le *ûzer mensche* afin de retrouver la manifestation (ou bien la conscience de la présence) de Dieu, dont il suppose pourtant que l'homme en a déjà fait l'expérience.

Mais que signifie « abandonné par Dieu » (*von gote gelâzen*) ? Dieu peut-il véritablement abandonner l'homme ou est-ce plutôt l'homme qui *se sent* subjectivement abandonné par Dieu ? Nous avons bien connu l'abandon (*gelassenheit*) dans les *Entretiens* d'Erfurt, mais comme condition de la génération du Fils dans l'âme. Penser un abandon *par Dieu* impliquerait un anthropomorphisme en contraste avec la doctrine d'Eckhart, qui réaffirme à plusieurs reprises l'immuabilité du divin. Il est plus juste, à notre avis, de penser qu'Eckhart travaille ici sur la question précédemment soulevée de la permanence ou de la fugacité de la contemplation, dans laquelle il affirme que Dieu se manifeste mais se soustrait aussi afin de sauvegarder la nature de l'homme comme individu naturel.

1. *Id.*, Pr. 16* [S 104], DW IV, p. 604.
2. Eckhart, *Sermons,* trad. AH.-M., p. 156.
3. Voir surtout le sermon *De l'homme noble* et le traité *Du détachement, in* Eckhart, *Sermons,* trad. AH.-M., p. 831 *sq.* et p. 825 *sq.*

Nous avons interprété cette réponse comme une défense des raisons de l'individualité. Ici, la présentation d'Eckhart se déroule dans le cadre de la distinction plus générale entre *ûzer mensche / inner mensche*. Le cadre est fortement dualiste : la distance entre les deux « hommes », l'homme « extérieur » et l'homme « intérieur » – dit Eckhart – est plus grande que celle qui existe entre « le dernier ciel et le centre de la terre »[1].

L'homme « extérieur » est la figure de l'individualité naturelle : il a sa place dans la dimension spatio-temporelle, il ne vit que dans la sensibilité de manière irréfléchie, il ne connaît ni lui-même ni Dieu, il s'oriente en restant au niveau imaginatif de la *vis cogitativa* et de la *vis aestimativa*[2], il arrête et bloque par sa propre volonté et ses propres images la survenue de la génération éternelle. Cette forme de vie est très proche de celle des bêtes[3], les sacrements aident à s'orienter du point de vue moral (dans la formulation un peu brutale d'Eckhart : *egens sacramentis*)[4].

Tout au contraire, l'homme « intérieur » vit dans la dimension éternelle de l'esprit en exerçant son intellect[5] ; il recherche la vérité par sa raison et le bien par sa volonté, et réalise ainsi consciemment son humanité véritable[6].

La voie qui conduit à la découverte de l'homme « intérieur » est l'adhésion à l'impératif : « in te ipsum redi » formulé par saint Augustin[7]. Si la caractéristique de l'*inner mensche* est l'exercice de l'intellect, il est inévitable de penser que celui qui mène rationnellement la recherche de la vérité – le philosophe – est déjà sur le seuil du chemin de la perfection.

1. Eckhart, *Serm.*, VII, n. 82, LW IV, p. 79 : « nota quod interior homo ab homine exteriori, quamvis simul videantur loco, plus tamen distant quam caelum ultimum a centro terrae ».

2. *Ibid.*, XXII, n. 206, LW IV, p. 190 : « egens [...] doctrina ex sensibilibus », contraposé à « homo [...] caelestis, in quo deus illuminat ».

3. Eckhart, *Von abegescheidenheit*, DW V, p. 420 ; *Sermons*, trad. AH.-M., p. 833.

4. *Id.*, *Serm.*, XXII, n. 206, LW IV, p. 190.

5. *Ibid.*, VII, n. 83, LW IV, p. 79 : « homo interior nullo modo est in tempore aut loco, sed prorsus in aeternitate » ; *Serm.*, XXVI, n. 269 : « homo ab intellectu est praeter hic et nunc et sic semper et ubique ».

6. Eckhart, *In Gen.*, I, n. 211 (CT), LW I/2, p. 240 : « intellectus [...] per quem homo est homo » ; à cet égard, le passage suivant est significatif : *Pr.* 114* [Q 15], DW I, p. 250 : « Homo sprichet als vil als ain mentsch, dem substanci zu° geworfen ist, vnd git im wesen vnd leben vnd ain vernúnftiges wesen. Ein vernúnftiger mentsch ist, der sich selber vernúnfteklichen verstát vnd in im selber abgeschaiden ist von allen materien vnd formen. ie me er abgeschaiden ist von allen dingen vnd in sich selber gekeret, ie me er aellú ding clarlich vnd vernúnfteklich bekennet in im selber sunder uskeren : ie me es ain mentsch ist ».

7. Augustin, *De vera religione*, chap. 38, n. 72, éd. K.-D. Daur, Turnhout, Brepols, 1957, p. 234.

La connaissance quidditative a lieu dans l'horizon de l'éternel et de l'immuable. L'universel ne se laisse pas déduire de la sensibilité mais vient de l'intériorité et de l'esprit, de « Dieu qui éclaire » : « Veritas quasi via dei ad hominem interiorem »[1].

Le véritable centre d'intérêt d'Eckhart, cependant, est la dimension axiologique, dans laquelle ce qui, pour l'homme extérieur, n'est que la nature physique est illuminé par la lumière de la valeur :

> Toutes les créatures sont savourées par mon homme extérieur comme des créatures : le vin pour du vin, le pain pour du pain et la viande pour de la viande. Et mon homme intérieur savoure cela non pas comme des créatures, mais comme des dons de Dieu[2].

Cette perspective est liée à ce que dit Eckhart sur la spontanéité et l'autonomie de la valeur, qui dévoile une certitude intérieure enracinée dans la perfection divine de l'esprit[3]. Même lorsque le sujet réalise qu'il est une « réceptivité possible »[4], nous avons vu un élément axiologique à l'œuvre. L'ordre naturel semble destiné, sous le signe de la recherche de la vérité et au niveau de l'*inner mensche*, à transiter dans l'ordre de la morale, à condition que le sujet se soustraie au diktat de la sensibilité, renonce aux images extérieures et à sa propre volonté et s'abandonne à Dieu, « forçant » Dieu à se révéler comme la condition de possibilité de l'autonomie et de la catégoricité de la valeur. C'est le moment de la « génération du Fils », et le moment où l'intellect discursif devient intellect « transformé » et « réformé » (le *wider înbilden* dont parle le « Programme de prédication »)[5].

Le modèle d'explication en termes d'intellect agent et de réprésentation imaginative (intellect passif) proposé ici n'a pas connu de développements ultérieurs dans l'œuvre d'Eckhart. Comme l'observent

1. Eckhart, *Serm.*, XII, 2, n. 131, LW IV, p. 124 : « Homo autem interior, novus, caelestis, in quo deus illuminat. Veritas quasi via dei ad hominem interiorem, caritas via hominis ad deum ».

2. *Id.*, *Pr.* 89* [S 109], DW IV, p. 770-771 : « Alle crêatûren die smackent mînem ûzern menschen als crêatûren : wîn als wîn, brôt als brôt, vleisch als vleisch. Aber mînem innern menschen ensmacket ez niht als crêatûren, mêr : als gâben gotes » ; *Sermons,* trad. AH.-M., p. 543.

3. Voir *supra*, p. 93.

4. Voir *supra*, chap. III, p. 71-74.

5. Voir *supra*, p. 14.

Bernard McGinn et Alessandra Beccarisi[1], le traitement de l'intellect agent en ces termes restera un *unicum*, une tentative inachevée, bien qu'il faille dire aussi qu'il n'ait jamais été renié.

Ce qui est certain, c'est que cette génération – fruit de la science transformée en nescience –, quand on en fait l'expérience, a un effet extraordinaire sur toute la personne. Eckhart le compare à un coup de foudre. C'est un changement radical qui touche l'homme et sa conscience : « oui, toutes choses deviennent pour toi Dieu purement et simplement car, en toutes choses, tu ne penses à rien d'autre et n'aimes que Dieu purement et simplement »[2]. On verra dans le prochain chapitre comment Eckhart pense le fondement métaphysique d'une telle expérience.

1. B. McGinn, *The Mystical Thought of Meister Eckhart*, *op. cit.*, n. 64, p. 215 ; A. Beccarisi, « Zwischen Averroes, Avicenna und Avicebron », art. cit., n. 2, p. 225.

2. Eckhart, Pr. 15* [S 103], DW IV, p. 488-489.

CHAPITRE V

QUESTIONS CAPITALES DU RAVISSEMENT À LA PAUVRETÉ

L'ÉVIDENCE DE LA VALEUR

Si nous voulions tirer de premières conclusions de ce que nous avons dit jusqu'ici sur les premières œuvres d'Eckhart, à savoir les *Entretiens* et les sermons du *Cycle de la génération éternelle,* la *ewige geburt*, et sur toutes les questions qui sont soulevées dans ces œuvres, nous pourrions conclure que, dans ces textes, la réflexion du Maître tourne toujours autour de la même question : l'homme « extérieur » – la figure de la majorité, sinon de la totalité de l'humanité – vit comme être de nature dans la nature, comme une chose entre les choses, inconscient de la dimension divine et morale qu'il porte en lui. Or qu'est-ce qui empêche l'homme de prendre conscience de la présence fondamentale et constitutive de Dieu en lui ?

> L'homme ne sait pas ce que Dieu est. De même que l'homme qui a du vin dans sa cave et qui ne l'aurait ni bu ni goûté ne sait pas qu'il est bon. Il en est ainsi des gens qui vivent dans l'ignorance : ils ne savent pas ce qu'est Dieu et il leur semble et ils s'imaginent qu'ils vivent [1].

1. Eckhart, *Pr.* 110* [Q 10], DW I, p. 164 : « Als ein man, hât er wîn in sînem keller und enhæte er sîn niht getrunken noch versuochet, sô enweiz er niht, daz er guot ist. Alsô ist den liuten, die in unwizzenne lebent : die enwizzen niht, waz got ist und sie dünket und wænent leben » ; *Sermons*, trad. AH.-M., p. 662.

Cette erreur découle du fait que le sujet est orienté vers l'extérieur par les sens et de la dispersion de lui-même dans la multiplicité et la temporalité qui procède de cette orientation :

> Trois choses nous empêchent d'entendre la Parole éternelle. La première est la corporalité, la deuxième la multiplicité, la troisième la temporalité. Si l'homme avait surmonté ces trois choses, il habiterait dans l'éternité, et habiterait dans l'Esprit et habiterait dans l'unité et dans le désert, et là il entendrait la Parole éternelle [1].

Entendre la Parole éternelle signifie comprendre sa propre dimension divine et devenir un vrai sujet moral.

La volonté propre (*Entretiens*) et les images extérieures (*Cycle de la génération éternelle*) sont responsables de cet « oubli de Dieu ». Cela soulève, dans de tels écrits, la question éminemment pratique de ce qu'il faut faire pour récupérer ce qui est la nature divine et morale de l'homme – l'« homme intérieur ». Eckhart parle à un public virtuel qui non seulement écoute mais aussi questionne. Les *vrâgen* qui sont soulevées révèlent que ce public est lié aux formes de la conscience religieuse commune et fait entendre les préoccupations de ceux qui n'ont pas encore surmonté une vision naïve et mercantile de la religion (« gens qui aiment Dieu comme une vache pour le lait [...] et le fromage et pour leur propre avantage »)[2]. Eckhart répète sans cesse sa proposition : il faut anéantir la dépendance du temps et du lieu (« ici et maintenant ») causée par la volonté individuelle et par les images individuelles. Dans le silence et l'abandon total qui en résulte[3], Dieu se manifeste. Eckhart décrit cette manifestation comme l'expérience de la valeur, de son autoévidence et de l'absoluité de la moralité. À la lumière de ces considérations, la question du mysticisme eckhartien apparaît, croyons-nous, sous un jour plus clair.

En effet, nous pensons avec Alain de Libera, qu'il est « inutile [...] de se demander si Eckhart mérite ou non le qualificatif d'auteur "mystique" »[4], autant qu'il est « inutile [...] de se demander si la pensée d'Eckhart est ou non philosophique. Eckhart n'est ni plus ni moins philosophe que ses

1. Eckhart, *Pr.* 90* [Q 12], DW I, p. 193 : « Driu dinc sint, diu uns hindernt, daz wir niht enhoeren daz êwige wort. Daz êrste ist lîplicheit, daz ander manicvalticheit, daz dritte ist zîtlicheit. Hæte der mensche disiu driu dinc übergangen, sô wonete er in êwicheit und wonete in dem geiste und wonete in einicheit und in der wüestunge, und dâ hôrte er daz êwige wort » ; *Sermons*, trad. AH.-M., p. 546.

2. *Id.*, *Pr.* 88* [Q 16b], DW I, p. 274 ; *Sermons*, trad. AH.-M., p. 539.

3. Sur le thème (proclien) du silence, voir *infra*, p. 113.

4. Voir l'avant-propos d'A. de Libera dans Eckhart, *Traités et sermons*, p. 21.

contemporains Duns Scot ou Ockham »[1]. À notre avis, la question de savoir si Eckhart appartient ou non à l'histoire de la mystique est trop générale pour avoir une quelconque portée herméneutique[2]. En tout cas, il faut souligner qu'Eckhart ne pose pas seulement la question de l'expérience du divin mais que, même dans ses œuvres très « pratiques » (ou si l'on veut : « mystagogiques »), il affirme l'importance de la raison comme critère de droiture de la volonté et développe aussi une réflexion dont les contours se révèlent véritablement philosophiques. Pour appuyer ce point de vue, nous voudrions revenir sur un élément théorique très significatif auquel Eckhart est confronté dans le contexte du *Cycle sur la génération éternelle* : c'est le cas, auquel nous avons déjà fait allusion plus haut, de sa démonstration du caractère originaire de l'expérience de la valeur. À propos de la présence de Dieu dans l'âme, Eckhart, dans le sermon 13* [S 102], soulève la question suivante : *Wâ von und wie weist dû daz ?* « D'où et comment sais-tu cela ? » – une interrogation étonnamment similaire à la question fondamentale du *lógon didónai* posée par la philosophie de l'antiquité. Sa réponse est un appel à l'évidence intérieure de l'absoluité de la valeur et de son irréductibilité au monde extérieur :

> *Eigenschaft dirre geburt ist, daz si alwege geschihet mit niuwem liehte.* [...] *In dirre geburt ergiuzet sich got in die sêle mit liehte alsô, daz daz lieht alsô grôz wirt in dem wesene und in dem grunde der sêle, daz ez sich ûzwirfet und übervliuzet in die krefte und ouch in den ûzern menschen.* [...] *Dises liehtes wirt der mensche wol gewar. Swenne er sich ze gote kêret, alzehant glestet und glenzet in im ein lieht und gibet im ze erkennenne, waz er tuon und lâzen sol und vil guoter anewîsunge, dâ er vor niht abe enweste noch verstuont. Wâ von und wie weist dû daz ?* [...] *Daz inwendic neigen enkumet enkeine wîs niht von keiner crêatûre noch von keiner ir anwîsungen, wan waz crêatûre wîset oder würket, daz kumet allez von ûzen zuo. Aber der grunt wirt aleine berüeret von disem werke*[3].
>
> Le propre de cette naissance [génération] consiste à se produire toujours avec une lumière nouvelle [...]. Dans cette naissance, Dieu se répand dans l'âme avec une lumière telle qu'elle grandit dans l'être et dans le fond de l'âme, qu'elle se projette et surabonde dans les puissances mais aussi dans l'homme extérieur [...]. L'homme prend pleinement conscience de cette lumière. Quand il se tourne vers Dieu, une lumière brille immédiatement,

1. *Ibid.*, p. 23. Voir aussi A. de Libera, « Mystique et philosophie : Maître Eckhart », *in* E. Zum Brunn (éd.), *Voici Maître Eckhart*, *op. cit.*, p. 319-340.

2. K. Flasch, *Meister Eckhart*, *op. cit.*, p. 31, trad. fr., p. 29, partage cet avis et en appelle à « une mise entre parenthèses du concept de mystique. »

3. Eckhart, *Pr.* 13* [S 102], DW IV, p. 423-424.

> miroite en lui et lui donne de connaître ce qu'il doit faire et laisser, ainsi que beaucoup de bons conseils qu'il ignorait et ne connaissait pas auparavant. D'où et comment sais-tu cela ? [...] Cette inclination intérieure ne provient en aucun cas de la créature ni de son conseil, car ce que la créature montre ou accomplit, tout cela vient de l'extérieur [1].

Ce « prendre conscience » (*gewar werden*) du caractère originaire de la valeur (on pourrait voir planer sur cette idée l'ombre de la syndérèse de la patristique mais encore une fois réinterprétée de manière innovante) est la première étape d'une transformation intérieure, menée par l'intellect (*vernunft*), du fait de laquelle l'homme comprend que, en exerçant sa volonté déterminée et en prétendant à une fausse autonomie, il s'est mis en concurrence et en opposition à Dieu. Cette opposition se révèle en creux dans la naturalité presque physique de la loi du « devoir de Dieu » avancée par Eckhart : si l'homme sort de lui-même, Dieu doit entrer de nouveau en lui ; si l'homme ne pense pas, Dieu doit penser pour lui. Le fait de « prendre conscience » est la condition de la transformation et de la reconstitution de l'ouverture à Dieu qui caractérise originairement le fond de l'âme :

> *Dâ diu crêatûre endet, dâ beginnet got ze sînne. Nû begert got niht mê von dir, wan daz dû dîn selbes ûzgangest in crêatiurlîcher wîse und lâzest got got in dir sîn [...] Rehte dâ daz bilde îngât, dâ muoz got wîchen und alliu sîn gotheit. Aber dâ daz bilde ûzgât, dâ gât got în* [2].
> Où prend fin la créature, Dieu commence à être. Or Dieu n'exige pas plus de toi que de sortir de toi-même selon ton mode d'être de créature et de laisser Dieu être Dieu en toi [...] Précisément là où l'image entre, Dieu doit s'écarter, et toute sa déité. Mais quand cette image sort, Dieu entre [3].

Dans le traité *Sur le détachement* (*Von abegescheidenheit*), Eckhart définit l'homme en qui « Dieu entre » comme « privé de ses sens et ravi » (*sinnelôs und verzücket*), « car son objet est une image intellectuelle ou quelque chose d'intellectuel sans image » [4] et précise sa pensée par une référence suggestive au Christ, paradigme de la perfection humaine : « dans le Christ aussi étaient un homme extérieur et un homme intérieur, de même en notre Dame. Et quand le Christ et notre Dame parlaient de

1. Eckhart, *Sermons*, trad. AH.-M., p. 119-120.
2. *Id.*, *Pr.* 50* [Q 5b], DW I, p. 92.
3. *Id.*, *Sermons*, trad. AH.-M., p. 337.
4. *Id.*, *Von abegescheidenheit*, DW V, p. 422 : « sinnelôs und verzücket, wan sîn gegenwurf ist ein vernünftic bilde oder etwaz vernünftiges âne bilde » ; *Sermons*, trad. AH.-M., p. 833.

choses extérieures, ils le faisaient selon l'homme extérieur, tandis que l'homme intérieur demeurait dans un détachement immuable»[1]. Être *sinnelôs und verzücket* (lexique du ravissement mystique) se révèle ici essentiellement comme la marque de l'imperturbabilité qui procède de la séparation (*abegescheidenheit*) du monde extérieur. Et ce n'est pas seulement le Christ qui est imperturbable : c'est aussi le savant stoïque, une figure qu'Eckhart connaît bien[2]. Si nous voulions caractériser la position d'Eckhart en des termes propres au mysticisme[3], nous pourrions conclure qu'Eckhart propose une sorte de transformation de l'événement mystique, qui n'est plus conçu comme une expérience ponctuelle et extraordinaire mais comme l'expérience plus générale (mais non moins existentielle) de l'autonomie et de l'absoluité de la valeur, modulée de manière individuelle en fonction des capacités du sujet.

LES QUESTIONS DANS LES SERMONS

Si nous voulons maintenant continuer notre recherche des questions et de leurs réponses dans les autres textes eckhartiens, il nous faut naviguer vers la haute mer des 110 sermons restants. Malheureusement, nous n'en savons pas assez à leur propos pour situer chacun d'entre eux dans le temps et dans l'espace. On a parlé des homélies de Strasbourg et des homélies de Cologne[4], mais de récentes études semblent montrer que les sermons d'Eckhart ont d'abord été composés comme des œuvres littéraires et qu'ils ne peuvent donc servir de «documents historiques» qui seraient la trace d'événements spécifiques[5]. Il ne s'agit pas, en effet, de notes compilées par

1. Eckhart, *Von abegescheidenheit*, DW V, p. 422-423 : «Nû was in Kristô ouch ein ûzwendiger mensche und ein inwendiger mensche, und ouch in unser vrouwen; und swaz Kristus und unser vrouwe ie geredeten von ûzern sachen, daz tâten sie nâch dem ûzern menschen, und stuont der inner mensche in einer unbewegelîchen abegescheidenheit»; *Sermons*, trad. AH.-M., p. 833.

2. Voir à ce propos N. Bray, *La tradizione filosofica stoica nel Medioevo. Un approccio dossografico*, Roma, Edizioni di storia e letteratura, 2018, p. 165-177.

3. B. McGinn, *The Mystical Thought of Meister Eckhart*, *op. cit.*, p. 20-34.

4. Voir par example K.-H. Witte, «Von Straßburg nach Köln. Die Entwicklung der Gottesgeburtslehre Eckharts in den Kölner Predigten», *Meister-Eckhart-Jahrbuch* 2, 2008, p. 65-94.

5. L. Sturlese, «"Ut supra dictum est" – "Als ich ouch mê gesprochen hân". Zur Frage nach dem internen Gedächtnis in Eckharts lateinischem und deutschem Werk», *Bulletin de*

des auditeurs (ou des auditrices), mais de travaux destinés par l'auteur à ceux qui le lisent, afin qu'ils soient médités. Cependant, nous nous efforcerons toujours, conformément à l'objectif formulé au début de ce travail, de repérer des moments d'interlocution, des *vrâgen* explicites posées au Maître (ou posées par le Maître)[1].

Il faut toutefois dire d'emblée que la lecture de ces textes est, de ce point de vue, une déception. En regard des vingt-quatre questions contenues dans les quatre sermons du *Cycle de la génération éternelle*, les sermons restants ne contiennent pas plus de deux autres douzaines de questions.

Nous devrions nous demander pourquoi. Mais, pour le moment, un coup d'œil sur les sujets abordés confirme, d'une part, l'importance des questions comme signe de l'importance et de la difficulté des problèmes abordés et, d'autre part, une certaine hétérogénéité des problèmes discutés et surtout la rhapsodicité qui caractérise leur apparition dans le corpus des sermons. C'est seulement à deux reprises, en effet, qu'Eckhart examine une série de plusieurs questions relatives au thème du sermon. Le premier est le Sermon 78* [Q 23], pour l'octave de la commémoration des saints Pierre et Paul, sur le ravissement de ce dernier, thème auquel deux questions isolées sont liées dans *Pr.* 90* [Q 12] sur la Nativité de Marie. À ce sermon s'ajoute la *Pr.* 108* [Q 52], célèbre sermon sur la pauvreté.

Dans tous les autres cas, il s'agit de questions isolées, formulées succinctement et qui paraissent plus rhétoriques que destinées à susciter une véritable discussion.

Elles sont souvent présentées sous une forme hypothétique : « Si quelqu'un me demandait …, je dirais… ». Quelques exemples :

> À celui qui me demanderait : Pourquoi prions-nous, pourquoi jeûnons-nous …, je dirais … : Pr. 6* [Q 38], DW II, p. 227 ; AH.-M., p. 76 (pour que Dieu s'engendre dans l'âme et l'âme en Dieu).
>
> Si quelqu'un me demandait ce qu'est Dieu, je dirais ceci… : Pr. 53* [Q 65], DW III, p. 96 ; AH.-M., p. 347 (Dieu est l'amour).
>
> Si l'on me demandait ce que fait Dieu dans le ciel, je dirais… : Pr. 67* [Q 31], DW II, p. 116-117 ; AH.-M., p. 423-424 (Il engendre son Fils).

Philosophie Médiévale 59, 2017, p. 91-108 ; B. Hasebrink, « Die Anthropologie der Abgeschiedenheit », art. cit., p. 143-147.

1. Les traités pseudo-eckhartiens publiés par F. Pfeiffer, *Deutsche Mystiker des vierzehnten Jahrhunderts*, t. II, Leipzig, Göschen, 1857, restent exclus de cette enquête, qui se limite aux écrits dont l'authenticité est reconnue.

> Si l'on me demandait de rapporter intégralement quelle a été l'intention du Créateur quand il a formé toutes les créatures, je dirais … : Pr. 82* [Q 60] DW III, p. 11-12; AH.-M., p. 502 (Le repos).
>
> Or vous pourriez me demander … : Pr. 50* [Q 5b] DW I, p. 87; AH.-M., p. 335.
>
> Maintenant on pourrait demander … : Pr. 99* [S 98] DW IV, p. 242-243; AH.-M., p. 607.
>
> On demande ce qui brûle en enfer? : Pr. 50* [Q 5b] DW I, p. 88; AH.-M., p. 338 (C'est le néant qui brûle en enfer).
>
> Maintenant la question se pose : cette noble volonté s'écoule-t-elle de telle sorte qu'elle ne puisse jamais revenir? : Pr. 50 [Q 5b] DW I, p. 94-95; AH.-M., p. 338 (L'instant de l'éternité l'emporte sur ce qui se serait perdu dans le temps).
>
> Une question à laquelle il est difficile de répondre : comment l'âme peut-elle supporter sans mourir que Dieu l'étreigne en lui : Pr. 47 [Q 47] DW II, p. 408; AH.-M., p. 323 (C'est Dieu qui la maintient en vie).

Par ailleurs, il y a aussi quelques cas, en petit nombre, d'allusions aux circonstances « historiques », pour le dire ainsi, d'un sermon donné; mais ces allusions sont toujours assez vagues :

> Lorsque je prêchai, le jour de la Trinité, j'ai dit un petit mot en latin … Alors une question fut posée … : Pr. 95* [Q 27] DW II, p. 51-52; AH.-M., p. 589.
>
> On m'a demandé un jour ce que fait le Père au ciel. J'ai dit … : Pr. 41* [Q 4] DW I, p. 72; AH.-M., p. 295 (Dans le ciel Dieu engendre son Fils).
>
> On m'a demandé quelle est la différence entre la grâce et la béatitude … : Pr. 60* [Q 21] DW I, p. 366; AH.-M., p. 386 (Leur rapport est celui du fruit à partir de la fleur).
>
> On m'a demandé un jour comment il se faisait que des personnes bonnes soient en une telle relation avec Dieu qu'elles le servent avec tant de zèle. Je répondis … : Pr. 70* [Q 73] DW III, p. 263; AH.-M., p. 441 (la raison en est qu'elles ont goûté Dieu).

Parfois, ce sont les *meister* qui posent une question mais, dans ce cas, cela semble ne servir qu'à introduire une citation d'autorité :

> Nos maîtres demandent si les anges sont attristés quand l'homme commet le péché. Nous disons : Non ! : Pr. 22* [Q 37] DW II, p. 210; AH.-M., p. 201.

La typologie esquissée ci-dessus ne vise pas à classer toutes les questions mais donne une idée de la difficulté de trouver un critère d'agrégation pour présenter ce matériau assez inégal, dans la mesure où la rédaction des différents sermons a probablement été menée à des époques et dans des lieux différents et répondait à des intentions stylistiques et rhétoriques différentes.

Nous allons donc considérer quelques constellations de problèmes susceptibles de nous donner des indications plus générales. Parmi celles-ci, les questions déjà mentionnées sur le ravissement de saint Paul et sur la pauvreté ressortent de manière manifeste.

LE RAVISSEMENT DE SAINT PAUL

Une série importante de questions concerne, comme nous l'avons dit, le *raptus* de saint Paul. Il s'agit d'un bloc tripartite, qui conclut le long sermon 78* [Q 23], consacré à l'octave de la commémoration des saints Pierre et Paul. Le sermon commence par un commentaire de *Mathieu* 14, 22, qui rappelle comment Jésus exhorte ses disciples à monter sur une barque et à prendre la mer pendant une tempête, laissant derrière eux la peur des choses temporelles. Eckhart poursuit par une référence à la doctrine de saint Paul sur la réformation et la transformation en Dieu. Il conclut en articulant une exhortation à laisser aussi derrière soi les perfections intelligibles, en affirmant la nécessité de dépasser en plus la conception de la Deité comme Vérité ainsi que comme Un[1]. La Déité, dit Eckhart, est au-delà de l'horizon de l'intellect: « Si tu penses encore qu'il est quelque chose, il n'est pas cela »[2] (*Gedenkest dû noch ihtes, daz er sî, des enist er niht*). Enfin, en manière d'appendice motivé par le fait que le *raptus* de saint Paul a été l'occasion d'aller « au-delà de l'intellect », trois questions suivent sur le ravissement de l'Apôtre :

> *Nû ist ein vrâge, ob man sant Paulum hæte gerüeret in der zît, dô er enzücket was, ob er sîn hæte enpfunden. Ich spriche : « Jâ! » Dô er beslozzen was in dem slozze der gotheit, hæte man in dô gerüeret mit einer nâdelspitze, er*

1. Eckhart, *Pr.* 78* [Q 23], DW I, p. 401 : « Und enist er noch güete noch wesen noch wârheit noch ein » ; *Sermons*, trad. AH.-M., p. 481. Le texte est commenté *infra*, p. 112.

2. *Id.*, *Pr.* 78* [Q 23], DW I, p. 402 ; *Sermons*, trad. AH.-M., p. 481.

wære sîn gewar worden, wan sîn sêle bleip in sînem lîbe als diu forme in ir materie [...][1].
Cette question se pose : si on avait touché saint Paul au moment où il était ravi, l'aurait-il senti ? Je dis oui ! Quand il était enfermé dans l'enceinte de la déité, si on l'avait touché avec la pointe d'une aiguille, il s'en serait rendu compte, car son âme demeurait dans son corps comme la forme dans sa matière[2].

Diu ander vrâge ist, ob sant Paulus verstuont âne zît oder in zît. Ich spriche : er verstuont âne zît [...][3].
L'autre question est celle-ci : la connaissance de saint Paul était-elle [Saint Paul connaissait-il, entendait-il] dans le temps ou hors du temps ? Je dis : Elle était [il entendait] hors du temps[4].

Diu dritte vrâge ist, weder er in gote wære oder got in im. Ich spriche : got verstuont in im und er als niht in gote [...][5].
La troisième question est celle-ci : était-il en Dieu ou Dieu en lui ? Je dis : la connaissance de Dieu était en lui ; et il se connaissait comme n'étant pas en Dieu [Dieu connaissait, entendait en lui et il ne connaissait pas en Dieu][6].

La vision de saint Paul était pour les théologiens médiévaux un laboratoire conceptuel extraordinaire pour l'étude du sommet de l'expérience mystique que les Écritures[7] permettaient de connaître. Eckhart entre dans ce laboratoire avec un intérêt prononcé et il développe comme toujours des solutions originales par rapport au débat de son temps.

Quant à la première question, le commentaire de Quint suggère une dépendance à l'égard de la *Summa* de Thomas d'Aquin et, en effet, Eckhart admet avec Thomas que, pendant le ravissement, l'âme de Paul ne fut pas

1. Eckhart, *Pr.* 78* [Q 23], DW I, p. 404.
2. *Id.*, *Sermons*, trad. AH.-M., p. 482.
3. *Id.*, *Pr.* 78* [Q 23], DW I, p. 406.
4. *Id.*, *Sermons*, trad. AH.-M., p. 482.
5. *Id.*, *Pr.* 78* [Q 23], DW I, p. 406-407.
6. *Id.*, *Sermons*, trad. AH.-M., p. 482.
7. B. Faes de Mottoni, *Figure e motivi della contemplazione nelle teologie medievali*, Firenze, SISMEL, 2007 ; *ead.*, « Mosè e Paolo figure della contemplazione e del rapimento nelle teologie del secolo XIII », *Mélanges de l'École française de Rome. Moyen Âge*, 117, 2005, p. 83-113 ; *ead.*, « Il ms. Douai, Bibliothèque municipale 434/I e le questioni n. 230 e 260 "de raptu" », *in* S. Caroti *et al.* (eds.), *Ad ingenii acuitionem. Studies in honour of Alfonso Maierù*, Louvain-la-Neuve, FIDEM, 2006, p. 103-126.

totalement séparée de son corps[1]. Quint ne dit cependant pas que la conclusion d'Eckhart est contraire à celle de Thomas qui, dans son *Commentaire des Sentences*, précise explicitement que, dans le cas de saint Paul, pendant le ravissement, les facultés inférieures étaient séparées de leurs actes en vertu de l'intensité extrême de sa contemplation[2]. Il faut donc en conclure que s'il avait été touché par une aiguille, il n'aurait ressenti aucune douleur.

En ce qui concerne la question du temps, les commentaires ne nous aident pas[3]. On peut lire la réponse d'Eckhart comme une adhésion à la doctrine répandue (et défendue également par Thomas) selon laquelle saint Paul aurait vu par son intellect Dieu par essence[4], et aurait en conséquence été hissé au-dessus du temps. La dimension temporelle dépasse cependant l'horizon problématique de Thomas et, que ce soit dans la *Summa theologiae* ou dans les *Quaestiones de veritate* (*quaestio de raptu*), le temps ne fait jamais l'objet de discussions.

En ce qui concerne la réponse à la troisième question, elle est très elliptique et difficile à interpréter. Les difficultés commencent par la traduction elle-même :

> Eckhart : « Ich sage : got verstuont in im und er als niht in gote ».
> trad. littérale : « Je dis : il était Dieu qui entendit en lui et non il était lui qui [entendit] comme rien en Dieu / comme [s'il n'était pas en Dieu] ».
> trad. Mangin : « Je dis : la connaissance de Dieu était en lui et il se connaissait comme n'étant pas en Dieu ».
> trad. Jarczyk Labarrière[5] : « Je dis : Dieu connaissait en lui, et lui comme [n'étant] pas en Dieu ».

1. Quint, DW I, p. 405-406. Voir Thomas d'Aquin, *Summa theol.*, II II, q. 175, a. 5, *sed contra*, p. 1771 : « Non igitur fuit necessarium ut in raptu Pauli anima eius totaliter separaretur a corpore ».

2. Thomas d'Aquin, *In Sent.*, III, dist. 15, quaest. 2, art. 3, qc. 1, ad 3, éd. cit., p. 496 : « Ad tertium dicendum, quod non potest esse tanta vis contemplationis quod dolorem sensibilem ex laesione corporis tollat, si corpus laedatur, nisi per eam abstrahantur vires inferiores omnino a suis actibus, per modum quo una potentia intense operans abstrahit aliam a suo actu. Et hoc accidit in raptu Pauli ».

3. Ce passage n'est commenté ni par Quint, DW I, ni par Largier, *in* Eckhart, *Werke*, trad. all. J. Quint, éd. N. Largier, Frankfurt a. M., Deutscher Klassiker Verlag, 1993, t. I, p. 939-944.

4. Thomas d'Aquin, *Quaestiones disputatae de veritate*, XIII, art. 2, ed. Leonina, 22/2, Romae, ad sanctae Sabinae, 1972, p. 419-422.

5. Eckhart, *Les traités*, trad. J.-L., p. 247.

trad. Quint[1] : « Ich sage : Gott erkannte in ihm und er als nicht in Gott [seiend] ».

En somme, on voit qu'Eckhart, dans le sermon 78* [Q 23], comme c'est souvent le cas, suit un chemin propre[2]. Mais, et c'est là le plus intéressant, il profite aussi de cette question pour présenter l'un de ses *nova et rara*, en pensant le ravissement de saint Paul dans le cadre de la doctrine proclienne de la connaissance de Dieu comme négation de la négation.

La contribution de notre sermon au développement de cette doctrine a jusqu'à présent été ignorée par les interprètes et il vaut donc la peine de l'examiner de plus près.

Le contexte est le suivant : dire que saint Paul a été ravi au troisième ciel signifie qu'il a compris Dieu d'une façon « nue et sans aucun moyen » (*der dritte [himel] ein blôz verstân âne mittel in gote* [connaissance pure et directe en Dieu]).

La question se pose donc de savoir comment entendre cette forme de compréhension immédiate (*verstân âne mittel*) par laquelle saint Paul fut « ainsi introduit » (*alsô ingevüeret*) en Dieu. Eckhart présente différentes manières de « comprendre » Dieu, en employant pour cela les verbes *verstân* (l'intellect discursif) et surtout *nemen*, qui traduit le latin *comprehendo* et s'avère être d'application plus large que *verstân* (car il s'étend aussi à l'intellection intuitive des principes)[3].

Examinons donc les différentes manières de comprendre Dieu : l'amour comprend Dieu (*nimmt*) « en tant qu'il est bon ». L'« intellect de l'âme » le comprend « en tant qu'il est un être pur, un être suréminent ». Dieu est compris aussi « en tant qu'il est vrai », parce que « partout où est l'être, il est bon et il est vrai », bien qu'il faille considérer que, par rapport à l'être, la vérité et la bonté sont « surajoutées » (ici, on pourrait saisir une

1. DW II, p. 523.

2. Nous ajoutons ici par souci d'exhaustivité que dans la *Pr.* 90* [Q 12], LW I, p. 196, Eckhart soulève la question de savoir si saint Paul avait formulé les mots « Je voudrais être éternellement séparé de Dieu pour mon ami et pour Dieu » (Romains, 3, 9) dans l'état de perfection ou sur la voie de la perfection. « Nû vrâgent die meister, ob sant Paulus wære ûf dem wege der volkomenheit oder ob er wære in ganzer volkomenheit » ; *Sermons*, trad. AH.-M., p. 547-548 : « Or les maîtres demandent si saint Paul était sur la voie de la perfection ou s'il était déjà dans la pleine perfection ». La réponse, positive, est conforme à celle de Thomas dans *Summa theol.*, II II, q. 27, a. 8, ad 1, p. 1221.

3. Alors que J.-L. (p. 244-246) traduisent toujours *nemen* = par « prendre », la traduction AH.-M. utilise parfois « saisir », parfois « prendre ». L'original moyen haut allemand sera donné, le cas échéant, en italiques entre crochets.

critique implicite de la position sur la vérité exprimée par Augustin dans *De Trinitate*, VIII, chap. 2).

Enfin il y a des sages – poursuit Eckhart – qui comprennent (*nemen*) Dieu « en tant qu'il est Un ». Voici leur argumentation :

> *Nû nement sie in, als er ein ist, wan « ein daz ist eigenlîcher ein, dan daz dâ geeinet ist » [= Proclus, Elem. theol., prop. 4]. Swaz ein ist, dâ ist al ander abegeleget; mêr doch daz selbe, daz dâ abegeleget ist, daz selbe daz ist zuogeleget, in dem daz ez andert. Und enist er noch güete noch wesen noch wârheit noch ein, waz ist er denne? Er ist nihtes niht, er enist weder diz noch daz. Gedenkest dû noch ihtes, daz er sî, des enist er niht*[1].
> Maintenant, ils le prennent en tant qu'il est un, car un est plus véritablement un que ce qui est uni. À ce qui est un, toute autre chose est enlevée; bien plus : ce qui est enlevé est identique à ce qui est ajouté, du fait [de sorte] qu'il implique une mutabilité [altérité]. Et s'il n'est ni bonté, ni être, ni vérité, ni un, qu'est-il donc ? Il est néant, il n'est ni ceci ni cela. Si tu penses encore qu'il est quelque chose, il n'est pas cela[2].

Pour expliquer l'argumentation : dans le concept de « un » est impliquée la négation de toute autre chose [*unum* comme *negatio multitudinis*] ; mais ce qui est nié [la multitude niée] est identique à ce qui est ajouté [la négation de la multitude], de sorte qu'il y a [encore] une altérité.

Donc, non seulement dans l'attribution à Dieu du bien, de l'être et de la vérité, mais aussi dans l'attribution de « un », a lieu une adjonction. « Mais s'il [Dieu] n'est ni bonté, ni être, ni vérité, ni un, qu'est-il donc ? Il est néant – conclut Eckhart –, il n'est ni ceci ni cela. Si *tu penses* encore qu'il est quelque chose [*iht*, le contraire de *niht*], il n'est pas cela ». On notera que, dans la dernière phrase, Eckhart déplace l'argumentation du plan de la métaphysique au plan de la noétique : il n'est plus question de l'être (*er ist*, « il est ») mais du comprendre : « tu penses » (*gedenkest dû*).

On peut donc conclure que, dans son ravissement, Saint Paul renonce à *penser* Dieu comme bon, être, vérité et même un, et le *pense* comme *rien* absolu, donc pas comme Dieu-un *negative dictum*, mais comme Dieu-un nié, comme Dieu-*nihtes-niht*. C'est la position de Proclus qui, dans le commentaire sur le *Parménide*, comme on le sait, exhorte à nier toute apposition à l'Un et par conséquent à garder le silence absolu[3]. Telle est la

1. Eckhart, *Pr.* 78* [Q 23], DW I, p. 401-402.

2. *Id.*, *Sermons*, trad. AH.-M., p. 481.

3. F. Retucci, « "Her ûf sprichet ein heidenischer meister in dem buoche, daz dâ heizet daz lieht der liehte" : Eckhart, il *Liber de causis* e Proclo », *in* L. Sturlese (ed.), *Studi sulle fonti di*

doctrine du *versagen des versagennes* formulée dans la *Pr.* 60* [Q 21], comme l'a précisé, de manière convaincante, F. Retucci, d'après Klibansky [1] et en faisant référence au texte proclien indiqué ci-dessus.

En ce qui concerne Proclus, notre sermon nous livre deux précieuses citations qui nous semblent avoir échappé jusqu'ici à la littérature :

La première est une citation littérale, « … parce que l'un est plus proprement un que ce qui est uni », qui est tirée de Proclus, *Elementatio theologica*, prop. 4 [2], et va enrichir d'une nouvelle position le dossier ayant trait à l'influence du grand platonicien sur Eckhart.

La seconde citation concerne l'impératif : nier l'Un lui-même en tant que négation de la multiplicité, la *negatio negationis*, et parvenir au silence de l'intellect, au *swîgen*. Il ne s'agit pas d'une citation littérale mais le sens du texte est tout à fait conforme aux vues de Proclus, *In Parmenidem*, VII :

> *Merito ergo ultimo et ipsas abnegationes removit ab uno, impossibile dicens has esse circa unum indicibile et incognoscibile existens.* […] *Nam per negari et ipse removit abnegationes* […]. *Silentio autem conclusit eam que de ipso theoriam* [3].
>
> C'est donc à juste titre qu'il enlève les mêmes négations à l'Un, en disant qu'il est impossible que celles-ci soient relatives à un Un qui est indicible et

Meister Eckhart, t. I, *op. cit.*, p. 149-156 ; le texte du commentaire au *Parménide* est cité p. 152-153.

1. J. A. Aertsen, « Ontology and Henology in Medieval Philosophy (Thomas Aquinas, Master Eckhart and Berthold of Moosburg) », *in* E. P. Bos, P. A. Meijer (eds.), *On Proclus and his Influence in Medieval Philosophy*, Leiden, Brill, 1992, p. 138, exclut la provenance thomiste de l'interprétation eckhartienne de l'« un ». Sur l'inspiration proclienne voir R. Klibansky, « Plato's Parmenides in the Middle Ages and the Renaissance », *Medieval and Renaissance Studies* 1, 1943, p. 287-288 ; voir aussi T. Gregory, *Mundana sapientia. Forme di conoscenza nella cultura medievale*, Roma, Edizioni di storia e letteratura, 1992, p. 172-173. Pour un état de la question et une bibliographie approfondie, on se référera à F. Retucci, « "Her ûf sprichet" », art. cit., p. 143-156.

2. Proclus, *Elementatio theologica translata a Guillelmo de Morbecca*, éd. H. Boese, Leuven, University Press, 1987, p. 4 : « Omne unitum alterum est a per se uno », avec la démonstration : « Si enim est unitum, participabit utique aliqualiter uno hac, qua et unitum dicitur. Quod autem participat uno, et unum est et non unum. Quod autem per se unum, nequaquam et unum est et non unum ». On trouvera un dossier sur Proclus dans F. Retucci, « "Her ûf sprichet" », art. cit., p. 143-156 et p. 165-166.

3. Proclus, *Commentaire sur le Parménide de Platon. Trad. Guillaume de Moerbeke*, VII, ed. C. Steel, Leuven, University Press, 1985, p. 519 et p. 521. Le thème du silence est abordé dans Proclus, *Trois études sur la providence*, II : *De providentia*, texte établi et trad. D. Isaac, Paris, Les Belles Lettres, 1979, p. 54 (« anima […] adiaciens (le unum) quietem amat, clausa cognitionibus, muta facta et silens intrinseco silentio »), mais sans aucune réference à la négation de la négation de l'Un.

> inconnaissable [...] En fait c'est en niant qu'il enleva les négations mêmes [...]. Et puis il conclut par le silence la contemplation de l'Un [...].

On pourrait, enfin, se demander si Eckhart, par sa théorie selon laquelle la connaissance intuitive de Dieu a pour condition de possibilité la négation de l'Un « transcendant », a vraiment abandonné sa conception – présentée surtout dans l'œuvre latine – de l'Un « transcendantal » comme négation de la négation dans le sens de la plus pure affirmation de l'autofondation absolue de Dieu (« Deus unus est » et « ego sum qui sum ») [1].

Il nous semble que deux perspectives différentes sont en jeu : l'une est noétique et porte sur la manière dont il faut penser Dieu pour parvenir à sa connaissance (ou non-connaissance) intuitive, ici représentée par le cas de saint Paul; l'autre concerne la conception métaphysique des transcendantaux, d'après laquelle « un » est une perfection générale comme Bien, Être, Vérité, Justice etc., qui présente l'avantage de mettre en évidence le fait que Dieu est affirmation et autofondation absolue. Ajoutons en conclusion que ces deux perspectives ont une base commune, à savoir l'idée que la relation entre Dieu et la créature est celle de l'indéterminé au déterminé. Dieu en tant qu'Un-nié est l'indéterminé, tandis que « un » attribué à Dieu est une forme d'« adjonction » et donc de détermination; Dieu, comme affirmation la plus pure, mais aussi en tant qu'Être absolu, Bien absolu et Justice absolue, est l'indéterminé contraposé à la détermination de la réalité créée, qui est une, bonne, étant, juste d'une façon toujours déterminée – Eckhart désigne cette détermination par la formule : *hoc et hoc*. Mais il en sera question au chapitre suivant.

LA PAUVRETÉ

Le deuxième sermon qui contient un nombre considérable de *vrâgen* est le n° 108* [Q 52], un sermon central dans la production d'Eckhart. Une fois de plus, comme dans le cas du sermon sur le ravissement de saint Paul, on y trouve confirmation de ce que la présentation sous forme de questions est le signe d'une originalité spéculative tout à fait singulière.

Il s'agit de quatre questions situées en quatre points stratégiques du sermon et qu'il faut examiner l'une après l'autre. La première est la suivante :

1. Sur la question, voir F. Retucci, « "Her ûf sprichet" », art. cit., p. 151-152.

> *Ir hât mich gevrâget, waz armuot sî in im selben und waz ein arm mensche sî*[1].
> Certaines personnes m'ont [Vous m'avez] demandé ce qu'est la pauvreté en elle-même et ce qu'est un homme pauvre[2].

Après avoir présenté le thème liturgique (« Heureux les pauvres »), Eckhart précise, apostrophant le public, qu'il traitera – suivant une question soulevée par son public (« Vous m'avez demandé », *Ir hât mich gevrâget*) – du concept de pauvreté et de la définition de « pauvre ». L'apostrophe, restituée par Steer dans son texte critique, est remplacée dans le texte de Quint par un propos plus vague (« Certaines personnes m'ont demandé », *Etlîche liute hânt mich gevrâget*). En tout état de cause, qu'on accepte l'une ou l'autre version, cette question a pour fonction de tracer les coordonnées de tout le sermon, qui sera divisé en trois points correspondant à trois définitions du pauvre : « le pauvre est celui qui (1) ne veut rien et (2) ne sait rien et (3) n'a rien ».

La question suivante a pour fonction d'introduire le premier point :

> *Der mich nû vrâgete, waz ein arm mensche wære, der niht enwil, dar zuo antwürte ich und spriche [...]*[3].
> Si on me demandait ce qu'est un homme pauvre, qui ne veut rien, je répondrais [...][4].

Eckhart répond en reprenant le thème de l'abandon de la volonté individuelle tel que nous l'avons rencontré dans les *Entretiens*. Le vrai pauvre est affranchi de sa volonté créée (c'est-à-dire de la volonté déterminée). Par rapport aux *Entretiens*, Eckhart ajoute une précision importante : « affranchi de sa volonté créée comme il l'était quand il n'était pas » (*sînes geschaffenenen willen alsô ledic stân, als er tete, dô er niht enwas*)[5]. C'est une formule assez énigmatique qui renvoie à une doctrine centrale de ce sermon, à savoir la doctrine de l'être idéal dans le Verbe. « Quand il n'était pas », dit de l'homme pauvre, présuppose pour lui un état antérieur à sa « venue à l'être », qui est *l'humanité idéale*, dont la volonté est un élément

1. Eckhart, *Pr.* 108* [Q 52], DW II, p. 488. Le texte présenté est celui de la nouvelle édition critique de G. Steer, *in* G. Steer, L. Sturlese (Hrsg.), *Lectura Eckhardi*, t. I, *op. cit.*, p. 163-181, la page de référence est cependant, pour des raisons d'homogénéité entre les citations, celle de DW II.

2. Eckhart, *Sermons*, trad. AH.-M., p. 646.

3. *Id.*, *Pr.* 108* [Q 52], DW II, p. 491.

4. *Id.*, *Sermons*, trad. AH.-M., p. 647.

5. *Id.*, *Pr.* 108* [Q 52], DW II, p. 491 ; *Sermons*, trad. AH.-M., p. 647.

constitutif, mais pas encore déterminé dans le temps et l'espace comme volonté créée individuelle (*geschaffen wille*). La volonté incréée, fondamentale et indéterminée, n'est évidemment rien d'autre que la volonté divine en tant que liberté absolue. Voilà la volonté de l'homme pauvre, qu'Eckhart nous exhorte à atteindre. Le moyen de le faire est de renoncer totalement à la volonté créée propre.

La question suivante marque l'explication du deuxième point, à savoir la pauvreté de « celui qui ne sait rien ». À ce propos, l'interrogation préliminaire se présente comme suit : la béatitude consiste-t-elle principalement dans la volonté et dans l'amour ou bien dans l'intellect et dans le savoir ?

> *Nû ist ein vrâge, war ane sælicheit allermeist lige. Etlîche meister sprechent, daz si lige an minnene; ander sprechent si lige an bekennenne und an minnenne, und die sprechent baz. Mêr : wir sprechen, daz si niht enlige an bekennenne noch an minnenne; mêr : ein [einez Quint] ist in der sêle, von dem vliuzet bekennen und minnen; daz enbekennet selber niht noch enminnet niht alsô als die krefte der sêle* [1].
> Or la question se pose de savoir en quoi consiste essentiellement la béatitude. Certains maîtres ont dit qu'elle réside dans la connaissance, d'autres disent que'elle réside dans l'amour, d'autres disent qu'elle réside dans la connaissance et l'amour, et ceux-là parlent mieux. Mais nous disons qu'elle ne réside ni dans la connaissance ni dans l'amour, bien plutôt il existe dans l'âme quelque chose d'où [un un d'où] fluent la connaissance et l'amour; cela ne connaît ni n'aime comme les autres puissances de l'âme. Celui qui sait cela sait en quoi réside la béatitude [2].

L'alternative proposée ici était un sujet de débat bien connu entre les écoles franciscaines et dominicaines au Moyen Age, et Eckhart lui-même indique en avoir discuté à l'Université de Paris, en soutenant la primauté de l'intellect [3]. Dans notre sermon, il rejette cette alternative parce qu'il conçoit à la fois l'intellect et la volonté comme inhérents à la sphère de la création et à la détermination.

Heureux est celui qui « ne sait rien ». Un savoir, en tant que savoir de quelque chose, implique une détermination, ce n'est rien d'autre que savoir quelque chose ici et maintenant, comme – selon l'exemple proposé dans le sermon – « le savoir que Dieu agit » en l'homme (*daz got in im würke*). C'est pourquoi « l'homme doit être aussi dépris de son propre savoir qu'il

1. Eckhart, *Pr.* 108* [Q 52], DW II, p. 495-496.
2. *Id.*, *Sermons*, trad. AH.-M., p. 649.
3. *Id.*, *Pr.* 86* [Q 9], DW I, p. 152.

l'était *lorsqu'il n'était pas* »[1]. La référence à l'humanité en tant qu'idéalité revient. Comme nous pouvons le voir, Eckhart n'exige pas le renoncement tout court à l'amour et à la connaissance, à la volonté et à l'intellect, mais plutôt le renoncement à exercer la volonté et l'intellect dans la soumission au diktat du monde extérieur, à la détermination. C'est ce que le sujet doit refuser. Ce faisant, observe Eckhart, il retourne à son état incréé d'avant la détermination qui suit la création, et que cette détermination n'a jamais effacé mais seulement caché à la conscience.

En ce qui concerne la question, on ne peut donc pas dire que la béatitude consiste dans l'amour ou dans la connaissance. Dans l'humanité en tant qu'idéalité, la volonté et l'intellect trouvent une racine commune qui les unifie, ils sont un « un » : « il existe dans l'âme quelque chose [un "un", pour la traduction voir ci-après] d'où fluent la connaissance et l'amour ». Connaître cela, c'est connaître la félicité : « Celui qui sait cela sait en quoi réside la béatitude » (*Der diz bekennet, der bekennet, der bekennet, war ane sælicheit lige*)[2].

On peut se demander comment Eckhart peut identifier la béatitude avec la connaissance (*bekennen*) de l'un et en même temps affirmer que le bienheureux est celui qui est « pauvre en connaissance », c'est-à-dire celui qui ne sait rien.

Je crois que cette contradiction apparente est résolue si l'on suppose qu'Eckhart désigne précisément ici, par le terme « un », le *versagen des versagennes* (Un-nié) dont parlent les sermons 60* [Q 21] et 78* [Q 23]. En fait, quand saint Paul pense Dieu comme Un-nié, comme Dieu-*nihtes-niht*, il accomplit le même acte que le pauvre homme, au moment où il sait, *bekennet*, qu'il ne sait rien, *niht enweiz*, dans une forme de superintellection par laquelle toute forme de connaissance déterminée est niée. Il le *sait*, ajoute notre sermon, en se connaissant comme un et en surmontant ainsi toute forme d'altérité dans l'identité du sujet et de l'objet, demeurant silencieux dans la Déité.

1. Eckhart, *Pr.* 108* [Q 52], DW II, p. 497; *Sermons*, trad. AH.-M., p. 649.

2. Le texte original complet est le suivant : Eckhart, *Pr.* 108* [Q 52], DW II, p. 496-497 : « ein ist in der sêle, von dem vliuzet bekennen und minnen; daz enbekennet selber niht noch enminnet niht alsô als die krefte der sêle. Der diz bekennet, der bekennet, war ane sælicheit lige. Diz enhât noch vor noch nâch, und ez enist niht wartende keines zuokomenden dinges, wan ez enmac noch gewinnen noch verliesen. Her umbe sô ist ez beroubet, daz ez niht enweiz got in im ze würkenne; mêr : ez ist selbe daz selbe, daz sîn selbes gebrûchet nâch der wîse gotes ».

Nous nous trouvons à nouveau dans le contexte de la pensée de Proclus, et en particulier d'une réflexion tirée du traité *De providentia*, dans laquelle, après avoir analysé la connaissance scientifique discursive et la connaissance intuitive des principes, Proclus poursuit en considérant la position de « Platon » et

> des théologiens avant lui, qui ont coutume de nous vanter une connaissance supraintellective et qui nous la présentent en général comme un délire authentiquement divin; elle est, disent-ils, *l'un de l'âme*; elle n'éveille plus la faculté intellective et met l'âme en liaison directe avec l'un. [...] L'âme, tant qu'elle en est encore au stade de l'intellection, se connaît elle-même et connaît par contact tout ce qu'elle pense, comme nous l'avons dit; mais parvenue à la superintellection, elle s'ignore elle-même et ignore tout ce qu'elle connaissait, elle goûte la paix que lui procure son voisinage avec l'un, fermée aux connaissances, devenue muette, silencieuse d'un silence intérieur [...]. Qu'elle soit donc une afin de voir l'un, mieux encore afin de ne pas voir l'un : car, en le voyant, c'est un intelligible qu'elle verrait et non ce qui surpasse l'intelligence, c'est un certain un qu'elle penserait et non l'un en soi [1].

La formule *unum animae*, qui se retrouve sous la plume d'Eckhart dans un sermon latin (« Jésus vient chercher dans l'âme le tout, *quod est animae unum* »)[2], apparaît ici sous la forme : « il y a un *un* dans l'âme » (*ein ist in der sêle*, dans la traduction de Flasch : « Es gebe ein Eines in der Seele »)[3]. Quint commente : « Par ce *einez ... in der sêle*, Eckhart désigne ce qu'il appelle ailleurs le *vünkelîn*, l'étincelle »[4]. Ces documents sont à notre avis

1. Proclus, *Trois études sur la providence*, t. II, *op. cit.*, p. 54 : « Assequentem autem Platoni et ante Platonem theologis, qui consueverunt nobis laudare cognitionem supra intellectum et maniam ut vere hanc divinam divulgant : ipsam aiunt unum anime, non adhuc intellectuale excitantem et hanc coaptantem uni. [...] Intelligens quidem etiam anima et se ipsam cognoscit et quecumque intelligit contingentia, sicut diximus; superintelligens autem et se ipsam et illa ignorat, quo adiaciens (le unum) quietem amat, clausa cognitionibus, muta facta et silens intrinseco silentio [...]. Fiat igitur unum ut videat le unum, magis autem ut non videat le unum : videns enim intellectuale videbit et non supra intellectum et quoddam unum intelliget et non le autounum » (trad. cit. D. Isaac, p. 54).

2. Eckhart, *Serm.* XXXVI, 1, n. 364, LW IV, p. 313 : « Nota : Iesus, salus, vadit et venit in civitatem, id est animam bene munitam [...]. Et ut totum, quod est animae unum, quaerat in hac, venit Iesus » (trad. Koch : « Um nun darin das Ganze, nämlich das Eine in der Seele, aufzusuchen, kommt Jesus »).

3. K. Flasch, *in* G. Steer, L. Sturlese (Hrsg.), *Lectura Eckhardi, t.* I, *op. cit.*, p. 175.

4. Quint, DW II, p. 512 : « Mit dem *einez ... in der sêle* meint Eckhart das, was er sonst als das *vünkelîn*, den *vunken* [...] nennt » ; Quint, DW II, p. 729 : « es gibt vielmehr ein Etwas in der Seele ».

d'une qualité qui exclut la coïncidence et sont à considérer comme des traces importantes d'une réflexion sur la doctrine de l'*unum animae* de Proclus.

Le sermon sur la pauvreté clarifie donc le théorème proclien en le situant dans un cadre plus large – ce qui manquait dans les deux sermons précédents – et montre le lien qu'établit Eckhart entre ce théorème et la doctrine de l'humanité idéale et de la distinction entre Dieu Créateur (comme corrélat de la créature) et Déité Absolue.

La troisième question fait partie du traitement de la pauvreté comme « ne rien avoir ». La thèse d'Eckhart est que, dans ce sens, le pauvre homme doit s'affranchir de tout, même de « Dieu lui-même ». Pour comprendre la signification de cette réponse, il faut se rappeler que, comme nous l'avons mentionné plus haut, Dieu signifie Dieu en tant que créateur et donc essentiellement corrélé à la créature. S'affranchir du Dieu créateur n'est donc pas autre chose que s'affranchir de la créature elle-même et la dépasser dans le silence de la Déité. La question se pose : quel est le rôle de la grâce dans l'exercice de cette pauvreté absolue ?

> *Es ist ein vrâge. Sant Paulus sprichet. « allez, daz ich bin, daz bin ich von der gnâde gotes ». Nû schînet disiu rede obe gnâde und obe wesene und obe verstantnisse und obe willen und ob aller begirde – wie mac denne sant Pauli wort wâr sîn*[1] *?*
>
> Saint Paul dit : tout ce que je suis, je le suis par la grâce de Dieu (Corinthiens 15,10). Or ce discours-ci semble se situer au-dessus de la grâce et au-dessus de l'être et au-dessus de la connaissance et au-dessus de la volonté et au-dessus de tout désir – comment donc la parole de saint Paul peut-elle être vraie[2] ?

Saint Paul dit la vérité : quand il a vu Dieu, il a nécessairement eu la grâce. Mais ceci avait une fonction propédeutique, par rapport à son être corporel. Selon Eckhart, la grâce se réfère à la création, pas à l'incréé. « Il était nécessaire que la grâce de Dieu fût en lui car ce que la grâce opéra en lui, c'est que ce qui était accident devint substance. Lorsque la grâce eut terminé son œuvre, Paul demeura ce qu'il était »[3]. La grâce agit dans l'accidentalité, dans le monde de la détermination, de l'ici et du maintenant.

1. Eckhart, *Pr.* 108* [Q 52], DW II, p. 501.
2. *Id.*, *Sermons*, trad. AH.-M., p. 650.
3. *Id.*, *Pr.* 108* [Q 52], DW II, p. 502 : « diu gnâde gotes diu worhte in im, daz diu zuovellicheit verkreic daz wesen. Dô diu gnâde endete und ir werk volbrâhte, dô bleip Paulus, daz er was ».

À la fin, Saint Paul retrouve son être comme « je », humanité pure. Kurt Flasch commente ce « je » en des termes éclairants :

> Je suis cause de moi-même, je suis cause de Dieu, Dieu ne me satisfait pas ; je vis sans but. Je suis un être temporel mortel aussi, exposé à l'accidentalité. Par conséquent, mon action extérieure doit être fondée sur la satisfaction des besoins ; je dois donc avoir des buts et des objectifs. Mais en tant qu'intellect (au sens qualifié du terme), j'appartiens à un autre ordre, il ne me manque rien, je n'ai besoin de rien et je ne reçois rien de plus. Je ne peux rien perdre non plus. En tant qu'intellect, je suis toujours à la maison. En tant qu'intellect, je suis dans l'unité divine [...] Je suis un but en moi-même[1].

1. G. Steer, L. Sturlese (Hrsg.), *Lectura Eckhardi*, t. I, *op. cit.*, p. 194-195.

CHAPITRE VI

L'HOMME ET SA « GRANDE NOBLESSE »

ENCORE UNE QUESTION SUR L'IMAGE

Une dernière question concerne le thème, déjà présenté, de l'image dans sa signification négative et contient une indication importante sur la possibilité d'une fondation métaphysique de la relation entre Dieu et l'âme de l'homme – une fondation que nous n'avons trouvée jusqu'ici qu'implicitement présupposée dans notre texte. Il s'agit du Sermon 81* [Q 2], très discuté du point de vue philologique[1], qui est consacré au thème de la vie contemplative et de la vie active, présentées ici respectivement sous les figures de la vierge (*jungvrouwe*) et de la femme (*wîb*).

> *Sehet, nû möhte man vrâgen, wie der mensche, der geborn ist und vor [vort Steer] gegangen ist in vernünftic leben, wie er alsô ledic müge sîn aller bilde, als dô er niht enwas, und er weiz doch vil, daz sint allez bilde; wie mac er denne ledic sîn*[2] *?*
>
> Voyez, on pourrait alors demander comment une personne qui est née et qui est parvenue à une vie raisonnable peut être aussi dégagée [vide dL] de

1. Voir G. Steer, H. Vogl, « Die *bürgelin*-Predigt Meister Eckharts. Mutmaßungen zur Entstehung der Predigt und ihrer Beziehung zu Nikolaus von Kues. Neue textgeschichtliche Ausgabe der Predigt und der lateinischen Übersetzung der Koblenzer Handschrift », *Meister-Eckhart-Jahrbuch* 4, 2010, p. 139-253. Les variantes les plus importantes de la nouvelle édition Steer-Vogl sont données entre crochets carrés.

2. Eckhart, *Pr.* 81* [Q 2], DW I, p. 25, Steer-Vogl p. 220.

toutes images que lorsqu'elle n'était pas, et elle sait pourtant beaucoup de choses qui toutes sont des images, comment peut-elle donc en être dégagée[1] ?

La question fait écho à une autre question déjà formulée dans le *Cycle de la génération éternelle* : comment peut-on penser abandonner les images mentales ? Ce serait contre nature, cela détruirait le sujet dans son être naturel ! La métaphore de la « vierge » (*jungvrouwe*) donne à Eckhart l'occasion d'une présentation structurée de sa conception de l'état naturel de l'être humain. La personne « qui est née » (*der geborn ist*) est l'être humain considéré du point de vue de la génération naturelle. Elle « a progressé dans la vie de l'intellect » (*ist vor gegangen in vernünftic leben*) : elle s'est développée, elle ne vit pas comme les animaux, mais elle vit une vie intellectuelle bien articulée : « elle sait beaucoup » (*er weiz doch vil*). Mais ce sont là « des choses qui toutes sont des images » (*daz sint allez bilde*) : sa vie intellectuelle dépend toujours des impressions externes. La question qui se pose est : comment est-il possible de surmonter cet état ?

Nû merket daz underscheit, daz wil ich iu bewîsen. Wære ich alsô vernünftic, daz alliu bilde vernünfticlîche in mir stüenden, diu alle menschen ie enpfiengen und diu in gote selber sint, wære ich der âne eigenschaft, [...] in der wârheit sô wære ich juncvrouwe âne hindernisse aller bilde als gewærlîche, als ich was, dô ich niht enwas[2].

Or remarquez l'enseignement que *je* veux vous donner. Si *j'*avais un intellect tel que toutes les images que tous les hommes ont jamais accueillies, et celles qui sont en Dieu lui-même, se trouvent dans mon intellect, et si *j'*étais à leur égard sans attachement, [...] en vérité *je* serais vierge sans être entravé par aucune image, aussi véritablement que *je* l'étais quand *je* n'étais pas[3].

Il faut bien remarquer comment Eckhart est soudainement passé ici à la première personne. Il dit six fois *ich*, – et il faut noter l'occurrence singulière où le recours à l'*ich* est particulièrement étonnant, car il s'agit d'un « je » « qui était quand il n'était pas » (!).

Or le sens général de la réponse est : ce qui importe n'est pas de n'avoir pas d'« images » (*bilde*) mais de ne pas avoir d'*eigenschaft*, c'est-à-dire de propriété, de qualité individuelle, accidentelle et déterminante. La nécessité de rejeter l'accidentalité, l'être « ici et maintenant », est déjà

1. Eckhart, *Sermons*, trad. AH.-M., p. 495.
2. *Id.*, *Pr.* 81* [Q 2], DW I, p. 26-27, Steer-Vogl, p. 221.
3. *Id.*, *Sermons*, trad. AH.-M., p. 495-496.

mentionnée dans les *Entretiens*. Mais ce sont les termes de la conclusion qui sont intéressants ici. Eckhart semble y esquisser le paradigme ou bien le modèle de la perfection humaine : « vierge sans entraves d'aucune image, aussi véritablement que je l'étais quand je n'étais pas ». Le paradigme de la perfection est l'état de virginité *des images* telles que « j'étais avant que je fusse ». C'est une formule très singulière, que nous avons déjà rencontrée lors de l'examen du sermon 108* [Q 52][1] et sur lequel il convient de revenir. En commentant le passage cité, Jarczyk et Labarrière écrivent[2] : « Le retour de l'âme “dans son premier commencement” ratifie l'état qui fut le sien avant sa création, identique à Dieu dans l'éternité de son être ». Largier commente[3] : « Avec cette expression, qu'Eckhart utilise occasionnellement, on entend la préexistence de l'homme – et des autres choses – en tant qu'idée créatrice en Dieu ». Largier fait référence dans son commentaire à des éléments de la tradition patristique mais Eckhart, dans ce cas, mobilise aussi, à notre avis, des thèmes anciens dans un sens nouveau.

Dans le chapitre précédent, nous avons eu l'occasion de mentionner cette doctrine pour expliquer comment, chez le « pauvre homme », l'affranchissement de sa volonté déterminée et de sa connaissance déterminée conduit à la découverte de sa conformité à l'humanité idéale qui est en Dieu. Mais cette doctrine s'inscrit dans le cadre plus général d'une réflexion ontologique sur la position de l'homme dans l'univers, tel qu'elle s'exprime dans le troisième point du *Programme de prédication* : « En troisième lieu, que l'on pense (*gedenkt*) à la grande noblesse que Dieu a déposée dans l'âme, pour que l'homme par là parvienne à Dieu de façon merveilleuse »[4]. C'est le thème théologique et philosophique de l'homme comme image de Dieu.

L'HUMANITÉ IDÉALE ET LA NOBLESSE PLACÉE DANS L'ÂME

Si nous voulons vraiment réfléchir, *gedenken*, sur la « noblesse que Dieu a placée dans l'âme », il faut en effet revenir à la notion d'image[5],

1. *Supra* p. 117.
2. Eckhart, *Les sermons*, trad. J.-L., p. 66.
3. *Id.*, *Werke*, éd. Largier cit., p. 760.
4. Voir *supra*, p. 13.
5. Le texte fondamental se trouve dans : *In Ioh.*, n. 23-27, LW III, p. 19-21. On se rapportera à M. Wilde, *Das neue Bild vom Gottesbild. Bild und Theologie bei Meister Eckhart*, Freiburg (Schw.), Universitätsverlag, 2000 ; K. Flasch, « Procedere ut imago. Das Hervor-

cette fois non plus dans le sens négatif qui caractérise le *Cycle de la génération éternelle* mais dans le sens positif de l'image *de Dieu*. En fait, ces deux notions d'image ont en commun le fait que l'image est telle dans la mesure où elle se réfère à un modèle, et tout son être, en tant qu'elle est image, consiste dans la référence et le renvoi au modèle. Dans le cas du *Cycle*, les images (négatives) sont la projection du monde extérieur dans la faculté de l'imagination, elles signifient et renvoient aux choses extramentales. Ici, l'image (positive) est la projection de Dieu dans l'âme de l'homme et, dans ce cas, elle signifie Dieu et renvoie à Dieu. Dans les deux cas, ces projections n'ont d'autre raison d'être que de renvoyer au modèle imaginé, et leur consistance ontologique ne réside, comme nous le verrons, que dans leur « renvoyer à », dans leur relationalité.

Considérons d'abord un texte essentiel, qui se réfère à la création de l'âme et à la façon particulière dont, par comparaison aux autres étants créés, elle dérive de Dieu :

> *Got hât alliu dinc gemeinlîche gemachet nâch dem bilde, daz er aller dinge in im hât, und niht nâch im. Etlich hât er sunderlîche gemachet nâch etwaz, daz sich ûz im haltende ist, als güete, wîsheit und daz man von gote saget. Aber die sêle hât er niht aleine gemachet nâch dem bilde, daz in im ist, noch nâch dem, daz sich ûz im heltet, als man von im saget* [...] [1].
> Dieu a fait communément toutes choses d'après l'image de toutes choses qu'il a en lui, et non d'après lui-même. Il en a fait certaines particulièrement selon ce qui flue de lui [selon ce qui s'alimente continuellement de lui], comme la bonté, la sagesse et ce que l'on dit de Dieu, mais il a fait l'âme, non seulement d'après l'image qui est en lui, ni d'après ce qui flue de lui et ce que l'on dit de lui [...] [2].

Eckhart fait preuve ici d'une extraordinaire virtuosité dans l'utilisation de l'allemand vernaculaire. Il résume une doctrine traditionnelle que nous connaissons bien dans ses écrits latins [3], en distinguant :

1) la dérivation des choses qui ont leur fondement et procèdent « d'après l'image de toutes choses qu'il [Dieu] a en lui » : les choses matérielles. Il s'agit d'une image synthétique de la totalité des espèces

gehen des Intellekts aus seinem göttlichen Grund bei Meister Dietrich, Meister Eckhart und Berthold von Moosburg », *in* K. Ruh (Hrsg.), *Abendländische Mystik im Mittelalter. Symposion Kloster Engelberg 1984*, Stuttgart, Metzler, 1986, p. 125-134.

1. Eckhart, *Pr.* 2* [Q 24], DW I, p. 415.
2. *Id.*, *Sermons*, trad. AH.-M., p. 55.
3. *Id.*, *Serm.* LXIX, 3, LW IV, p. 426-427.

naturelles, qui fonde l'ordre de la création et le développement ordonné des processus naturels[1].

2) Une façon de procéder « selon ce qui s'alimente continuellement [duratif !] de lui, comme bonté, sagesse et ce qu'on dit de Dieu » : l'ange et l'homme en tant que créé et ouvert au fait de participer des perfections divines par sa nature intellectuelle.

3) Le fait qu'aucune de ces deux façons de procéder ne s'applique à l'âme intellective. Voici en effet comment l'intellect procède :

> [...] *mêr : er hât sie gemachet nâch im selber, jâ, nâch allem dem, daz er ist, nâch natûre, nâch wesene und nâch sînem ûzvliezenden inneblîbenden werke und nâch dem grunde, dâ er in im selber blîbende ist, dâ er gebernde ist sînen eingebornen sun, dâ von der heilige geist ûzblüejende ist : nâch disem ûzvliezenden inneblîbenden werke sô hât got die sêle geschaffen*[2].
> [...] davantage : il l'a faite d'après lui-même, oui, d'après tout ce qu'il est, d'après sa nature, d'après son être [sa substance], d'après son opération fluant de lui et demeurant en lui, et d'après le fond où il demeure en lui-même, où il engendre son Fils unique, d'où s'épanouit l'Esprit Saint : c'est d'après cette opération qui flue de lui et demeure en lui que Dieu a créé l'âme[3].

L'âme intellective est faite « d'après tout ce que Dieu est », et précisément selon la *nature*, le fonds où Dieu engendre son fils. La *création* de l'âme a lieu « d'après cette opération » (la génération est l'œuvre de Dieu). On reconnaît ici les termes de la génération éternelle, appliqués à l'être naturel de chaque âme. Tout être humain a une âme qui est en ce sens une image totale et complète de Dieu.

Il vaut la peine d'examiner avec précision point par point ce texte difficile, en le comparant par ailleurs avec le sermon latin XLIX « Sur l'image » déjà cité. Cette façon de procéder de Dieu – qui est propre seulement à l'âme humaine – a comme caractéristique d'être « d'après tout ce qu'il

1. Eckhart, *In Gen.*, n. 115, LW I/2, p. 155 : « producta sunt ad similitudinem eius quod in deo est et habent ideas sibi proprias in deo, ad quas factae dicuntur secundum rationes determinatas ad species distinctas ab invicem in natura ».

2. *Id.*, *Pr.* 2* [Q 24], DW I, p. 415.

3. *Id.*, *Sermons*, trad. AH.-M., p. 55.

est ». Or Eckhart distingue cette totalité en trois moments différents de la « productivité » de Dieu[1] :

1) « d'après sa nature », la nature de Dieu, qui est le moment désigné dans les textes latins comme le moment de *bullitio* caractérisant l'être de Dieu comme *bonum diffusivum, sine voluntate, de se ipso*;

2) « d'après son être [= sa substance] », la substance de Dieu : c'est le moment désigné comme *ebullitio*, la substance de Dieu, en effet, est de se donner ;

3) « d'après son opération fluant de lui et demeurant en lui », c'est-à-dire l'operation de Dieu : c'est le moment de la *factio vel creatio*, par laquelle se produit la « distinction », *underscheit*, entre Dieu et la créature.

Mais ce n'est pas tout. Il y a aussi un moment antérieur à la « bullitio-ebullitio-creatio », et c'est le moment où les trois Personnes sont un « Un sans distinction », l'Un-nié, le moment de la Déité, auquel fait référence la dernière phrase :

4) « et d'après le fond où il demeure en lui-même, où il engendre son Fils unique ».

Les moments à considérer dans le processus d'émanation de l'âme comme image sont la *bullitio* (c'est-à-dire la nature diffusive sans volonté), l'*ebullitio* (la diffusion ordonnée à une fin) et la *factio* (de l'âme) *vel creatio* (des étants) – qui constituent les œuvres de la volonté divine. Ces moments appartiennent à Dieu en tant que créateur ou bien à la Trinité qui se manifeste dans sa nature diffusive (il s'agit d'un « devoir de Dieu », selon Eckhart). Mais la condition de possibilité de la *bullitio*, c'est la Trinité en tant qu'elle est indépendante de la création, et ceci est le « fond » (*grunt*) dans lequel les personnes divines constituent une ineffable unité de trois moments dans une relation réciproque ; dans ce « fond », le Fils procède du Père comme son image parfaite intellectuelle émanée et immanente, repliée sur elle-même en tant qu'unité parfaite (Eckhart le nomme :

1. Eckhart, *Serm.* XLIX, 3, n. 511, LW IV, p. 426 : « Est enim triplex gradus productionis in esse. Primus, de quo nunc dictum est, quo quid producit a se et de se ipso et in se ipso naturam nudam formaliter profundens voluntate non cooperante, sed potius concomitante, eo siquidem [modo] quo bonum sui diffusivum ; praeterea quo modo velle principiaret fine nondum cointellecto. Secundus gradus est quasi ebullitio sub ratione efficientis et in ordine finis, quo modo producit quid a se ipso, sed non de se ipso. Aut ergo de alio quolibet, et dicatur factio ; aut de nihilo, et est tertius gradus productionis, qui dicitur creatio. »

isticheit)[1]. À ce niveau (incréé!), dit Eckhart, se trouve l'âme intellectuelle. Il ne s'agit pas de l'âme individuelle créée dans un individu physiquement déterminé mais plutôt d'un «je» qui est l'humanité idéale, « comme j'étais alors que je n'étais pas encore ». Et pourtant, cela ne se fait pas d'une manière différente de celle dont le Fils est engendré par le Père à son image.

L'univocité de l'image de l'homme avec l'image du Fils de Dieu n'est donc pas une « pré-existence », comme celle d'une idée dans sa cause, mais plutôt l'identité dynamique et relationnelle d'un «je» («j'étais») qui ne connaît pas de distinction par rapport au Fils. C'est à cet *etwaz* que se réfère Eckhart quand il parle d'un « quelque chose » d'incréé et d'incréable dans l'âme. Et il dit que, « si l'âme était complètement cela [ce quelque chose], elle serait increéée et incréable », une doctrine qui sera contestée dans le procès de Cologne.

Ce « quelque chose », cet *etwaz*

> *Ez ist und hât doch kein eigen wesen, wan ez ist noch diz noch daz noch hie noch dâ; wan ez ist, daz ez ist, in einem andern und jenez in disem; wan, daz ez ist, daz ist ez in jenem und jenez in disem; wan jenez vliuzet in diz und diz in jenez*[2].
> Cela est et n'a cependant pas d'être propre, car ce n'est ni ceci ni cela, ni ici ni là, car c'est ce que c'est en un autre, et cela en ceci, car ce que c'est, ce l'est en cela, et cela en ceci, car cela flue en ceci et ceci en cela[3].

Mais comment cet *etwaz* parvient-il à se déterminer dans un individu humain?

L'ÉMANATION DE L'IMAGE INTELLECTUELLE ET SA DÉTERMINATION BIOLOGIQUE

Eckhart explique cela en deux moments : par une réflexion sur l'émanation comme image totale et par l'analyse du rapport de l'image avec la génération biologique.

1. A. Beccarisi, « Philosophische Neologismen zwischen Latein und Volkssprache : "istic'und 'isticheit" bei Meister Eckhart », *Recherches de Philosophie et de Théologie Médiévales* 70, 2003, p. 97-126; A. Beccarisi, *Eckhart*, Roma, Carocci, 2012, p. 148-154.

2. Eckhart, *Pr.* 2* [Q 24], DW I, p. 415.

3. *Id.*, *Sermons*, trad. AH.-M., p. 56.

Que le Fils procède du Père comme son image est une idée ancrée dans l'Écriture (Colossiens 1 : 15) qui appartient au patrimoine commun de la théologie scolastique. Tout aussi traditionnelle est l'idée que, dans l'âme de l'homme, soit cachée l'image de Dieu.

Eckhart interprète cette théorie de façon radicale : l'image du Fils et l'image dans l'âme sont univoques; en tant qu'images, elles ne sont ni distinctes ni distinguables.

Le Sermon 16b, écrit pour la fête de saint Augustin, est le texte allemand dans lequel Eckhart a exposé sa réflexion sur l'image chez les êtres intellectuels. Ce texte présente deux points fondamentaux de sa doctrine :

> *Ein ieglich bilde hât zwô eigenschaft. Daz ein ist, daz ez von dem, des bilde ez ist, sîn wesen âne mittel nemende ist obe dem willen, wan ez hât einen natiurlîchen ûzganc und dringet ûz der natûre als der ast ûz dem boume* [...].
> *Die ander eigenschaft [...] : daz bilde [...] hât aleine ein zuohangen und anehaften an dem, des bilde ez ist. Her umbe enist ez sîn selbes niht und enist im selber niht, sunder ez ist eigenlîche des, des bilde ez ist und ist im alzemâle, und von dem nimet ez sîn wesen und ist daz selbe wesen*[1].
> Chaque image a deux propriétés : l'une est de recevoir directement son être, de ce dont elle est l'image, sans le concours de la volonté, car l'image est produite naturellement, elle est issue de la nature comme la branche de l'arbre [...].
> La seconde propriété de l'image [...] : l'image [...] tient et est uniquement attachée à ce dont elle est l'image. C'est pourquoi elle n'est ni par elle-même ni pour elle-même, mais elle provient véritablement de ce dont elle est l'image et lui appartient totalement. C'est de là qu'elle prend son être et elle est le même être[2].

Nous avons ici une explication de l'émanation qui est à la base de la génération éternelle. Il s'agit d'un engendrement intellectuel qui n'aboutit pas à une dualité d'étants différents, ou bien à une distinction ontologique entre engendrant et engendré, entre modèle et image – comme par exemple dans la génération physique de l'enfant par un père – mais cet engendrement reste au contraire une unité relationnelle, précisément en raison de la nature intellectuelle des deux termes. Dieu émane en tant que substance intellectuelle (*als er ist ein vernünftic wesen*) absolue et illimitée et l'image

1. Eckhart, *Pr.* 88* [Q 16b], DW I, p. 265-266. On trouvera un commentaire de ce texte par S. Koebele, *in* G. Steer, L. Sturlese (Hrsg.), *Lectura Eckhardi*, t. I, *op. cit.*, p. 52-74.

2. Eckhart, *Sermons*, trad. AH.-M., p. 536-537.

intellectuelle dépend totalement de son modèle (« dépendance et attache », *zuohangen und anehaften*), elle n'a rien en elle-même qui ne soit le modèle, elle demeure dans le modèle et tire son être de lui dans un flux continu qui vient de sa substance. C'est une génération qui a lieu hors du temps et de l'espace, caractérisée par Eckhart au moyen de la formule : « j'étais quand je n'étais pas » avant que « je fusse ». Cette unité relationnelle ne s'éteint jamais, même lorsque l'image se détermine dans le temps comme image dans un être humain individuel. La nature de l'intellect, image de Dieu, est d'être une ouverture absolue à tout ce qu'il peut comprendre, y compris Dieu et les perfections divines.

Du point de vue biologique, la génération comme image se détermine en création chaque fois que le flux de l'éternelle émanation divine trouve une matière qui est « capable » et « ouverte » pour le recevoir (*empfenglich*). Eckhart écrit en effet que l'existence d'un « réflecteur » (comme la surface réfléchissante d'un miroir) est bien sûr nécessaire pour que l'image apparaisse mais cela ne signifie pas que le modèle n'émane pas également et toujours son image, bien que, faute d'un réflecteur interposé, l'image ne soit pas vue par le spectateur : « l'image visible n'est pas moins dans le milieu quand le miroir ou bien une surface réfléchissante n'est pas là, bien qu'elle n'apparaisse pas et que le spectateur ne la voie pas » [1].

Donc Dieu rayonne et émane son image dans tout l'univers, mais elle est interceptée seulement par l'embryon humain dans le moment où il est parfaitement disposé à la recevoir :

> *Sô daz kint enpfangen wirt in der muoter lîbe, dâ hât ez bilde und forme und geschepfede; daz würket diu natûre. Alsô ist ez danne vierzic tage und vierzic nähte, und an dem vierzigesten tage sô schepfet got die sêle vil kürzer dan in einem ougenblicke, daz diu sêle dem lîbe ein forme und ein leben wirt* [2].
> *In dem selben puncten, sô diu materie des kindes ist bereit in der muoter lîbe, in dem selben ougenblicke sô giuzet got în den lebendigen geist, die sêle, diu des lîbes forme ist. Ez ist ein blik bereiten und îngiezen* [3].
> Quand l'enfant est conçu dans le corps de sa mère, il a organisation, forme et structure ; c'est l'opération de la nature. Il reste ainsi quarante jours et

1. Eckhart, *In Gen.*, n. 301, LW I/2, p. 325 : « imago visibilis non minus est in medio absente speculo sive corpore speculari, quamvis non appareat, sed lateat inspectores. »
2. *Id.*, *Pr.* 73* [Q 28], DW II, p. 65.
3. *Id.*, *Pr.* 15* [S 103], DW IV, p. 485.

> quarante nuits, et le quarantième jour, Dieu crée l'âme beaucoup plus vite qu'en un instant, afin que l'âme devienne forme et vie pour le corps [1].
> Au moment précis où la matière de l'enfant est prête dans le corps de la mère, au même instant, Dieu infuse en lui l'esprit de vie, l'âme qui est la forme du corps. En un clin d'œil, c'est prêt et infusé [2].

L'image « capturée » par l'embryon ne cesse pas d'être complètement dépendante de son modèle, avec lequel elle constitue une unité inséparable. Voici l'homme selon maître Eckhart.

DISTINCTION ET UNITÉ

Eckhart a analysé en profondeur la condition humaine de cette « incarnation » de l'image de Dieu et le mot-clef de sa réflexion à ce propos est « distinction » (*underscheit*).

Plusieurs passages, tant dans l'œuvre allemande que dans les commentaires latins, présentent la « distinction » comme l'élément constitutif de l'étant créé et spatio-temporellement déterminé. Le couple conceptuel « indistinct-distinct » a été étudié jusqu'à aujourd'hui surtout du point de vue de la métaphysique d'Eckhart. Néanmoins, la *distinction* a aussi une fonction importante dans ce que nous nommerons la « position de la fausse autonomie du sujet » et nous allons tenter de faire ressortir cet aspect, à l'approche de la conclusion du présent ouvrage, à l'aide de quelques textes.

À la lecture de ces textes, il apparaîtra que la *distinction* est en premier lieu 1) la condition métaphysique de l'être de la créature ; en deuxième lieu 2) elle est la source de l'erreur psychologique par laquelle le sujet attribue à la créature, et à lui-même, une fausse autonomie. Par ailleurs, un passage du sermon 42* [Q 46] identifie dans la « négation » et dans le « rien » les principes de la fausse autonomie alimentée par la *distinction*. Enfin, une réflexion ultérieure propose la négation de la négation (et donc le refus de la *distinction*) comme dépassement de la créaturalité et comme prise de conscience d'être dans l'unité divine. Mais procédons par ordre.

Deux textes tirés respectivement du commentaire de l'*Évangile de Jean* et du *Livre de la Sagesse* nous disent que la distinction est la condition métaphysique caractéristique de l'être créatural :

1. Eckhart *Sermons*, trad. AH.-M., p. 456.
2. *Ibid*., p. 162.

> *dei proprium est esse indistinctum et ipse sola sua indistinctione distinguitur, creaturae vero proprium est esse distinctum. Distinctum autem proprie non recipit indistinctum. Unde Augustinus deo loquens ait : « mecum eras, et tecum non eram »*[1].
> C'est le propre de Dieu d'être indistinct, et Dieu est distinct seulement par son indistinction, tandis qu'il est propre à la créature d'être distinct. Le distinct, proprement, ne reçoit pas l'indistinct. C'est pourquoi Augustin en s'adressant à Dieu dit : « Tu étais chez moi, et je n'étais pas chez toi ».

> *Et hoc est quod Augustinus deo loquens ait : « mecum eras, et tecum non eram ». Deus enim nobiscum est, utpote indistinctus ; nos autem secum non sumus, utpote distincti, quia creati et terminati*[2].
> Augustin en s'adressant à Dieu dit : « Tu étais chez moi, et je n'étais pas chez toi ». Car Dieu est chez nous, en tant qu'indistinct; mais nous ne sommes pas chez lui, en tant que distincts, car nous sommes créés et limités.

Dans le texte qui suit, le thème central du discours eckhartien se déplace du constat métaphysique que la distinction est la marque de la créaturalité (c'est-à-dire la distinction comme « être cet être-ci et non cet autre », *esse hoc et non hoc aliud*) à l'examen de la distinction comme conséquence de la fausse imagination du sujet :

> *Omne autem ens creatum acceptum vel conceptum seorsum per se distinctum a deo non est ens, sed est nihil. Separatum enim et distinctum a deo separatum est et distinctum ab esse, quia ab ipso deo, per ipsum et in ipso sunt quaecumque sunt*[3].
> Chaque étant créé, appréhendé ou conçu par soi et comme distinct de Dieu, n'est pas étant, mais il n'est rien. Car ce qui est séparé et distingué de Dieu est séparé et distingué de l'être, parce que chaque chose qui est, est de Dieu, par Dieu et en Dieu.

Toute position et affirmation de l'être créé « comme distinct de Dieu » se renverse donc – aux yeux d'Eckhart – dans la négation (voire dans l'affirmation de son non-être) et l'expression *acceptum vel conceptum seorsum per se distinctum a deo*, « appréhendé ou conçu comme distinct de Dieu », montre que celui qui commet l'erreur est le sujet qui pense, dans la mesure où il pense pouvoir « appréhender ou concevoir » (*accipere, concipere*) l'étant créé, et donc s'appréhender aussi lui-même, indépendamment

1. Eckhart, *In Ioh.*, n. 99, LW III, p. 85.
2. *Id.*, *In Exod.*, n. 107, LW II, p. 107.
3. *Ibid.*, n. 40, LW II, p. 45.

de son rapport essentiel à Dieu. La *distinction* se nourrit donc du néant et affirmer qu'une chose est distincte équivaut à la séparer de Dieu, donc à la nier.

Selon Eckhart, la négation est le fondement de la distinction mais elle contient aussi la possibilité de la surmonter : l' « abandon de la distinction » correspond en effet à la prise de conscience de son propre être véritable en Dieu, qui est « la nature humaine libre, indivise » dont parle le texte suivant :

> *Und alsô, sult ir éin sun sîn, sô müezet ir abescheiden und abegân alles des, daz underscheit an iu machende ist. Wan der mensche ist ein zuoval der natûre, und dar umbe gât abe alles des, daz zuoval an iu ist, und nemet iuch nâch der vrîen, ungeteilten menschlîchen natûre* [1].
> Et ainsi, si vous devez être un seul Fils, il faut que vous soyez détachés et séparés de tout ce qui introduit en vous une différence [distinction]. Chaque être humain est accidentel par rapport à la nature humaine, et c'est pourquoi séparez-vous de ce qui est en vous accident, et acceptez-vous selon la nature humaine libre, indivise [2].

La « nature humaine libre, indivise » correspond à l'humanité idéale de la formule : « "je" qui était quand je n'étais pas ».

Dans le sermon 60* [Q 21], Eckhart donne une clarification importante sur ce que nous pourrions alors appeler la transformation de la conscience empirique en conscience absolue, par une négation de la négation qui révèle l'unité relationnelle de la « génération du Fils » :

> *Sant Paulus sprichet : « ein got ». [...] Waz meinet ein ? Daz meinet ein, dem niht zuogeleget enist. Diu sêle nimet die gotheit, als si in ir geliutert ist, dâ niht zuogeleget enist, dâ niht bedâht enist. Ein ist ein versagen des versagennes. Alle crêatûren hânt ein versagen an in selben ; einiu versaget, daz si diu ander niht ensî. [...] Aber got hât ein versagen des versagennes ; er ist ein und versaget alle ander, wan niht ûzer gote enist. [...] Got ist ein, er ist ein versagen des versagennes* [3].
> Saint Paul dit : Un Dieu. [...] Que désigne Un ? Un désigne ce à quoi rien n'est ajouté. L'âme prend la Déité telle qu'elle est pure en soi, là où rien n'est ajouté, à quoi la pensée n'ajoute rien. Un est la négation de la négation. Toutes les créatures ont en elles-mêmes une négation ; l'une nie qu'elle soit l'autre. [...] Mais Dieu a une négation de la négation ; il est un et

1. Eckhart, *Pr.* 42* [Q 46], DW II, p. 381.
2. *Id.*, *Sermons*, trad. AH.-M., p. 298.
3. *Id.*, *Pr.* 60* [Q 21], DW I, p. 361-363.

nie tout autre chose, car rien n'est en dehors de Dieu. [...] Dieu est un, il est une négation de la négation [1].

Le discours d'Eckhart est clair : la réflexion rationnelle montre que la négation, le non-être et la distinction sont les racines d'une fausse imagination qui considère l'étant créé comme autonome et séparé de Dieu. Si ceci est une erreur dans le cas de la créature en général, c'est une erreur capitale dans le cas de l'intellect, qui ne peut même pas être pensé comme séparé de Dieu en tant qu'il en est l'image. La suppression de la négation et de la distinction révèle, au-delà de l'être dans le temps et l'espace, un « je » « au-delà de la distinction », éternel et immuable, c'est-à-dire la « nature humaine libre et indivise », dont le « je » « dans la génération » est une réalisation volontaire dans le monde de la créaturalité et du devenir.

Dans le célèbre sermon 108* [Q 52], Eckhart approfondit l'idée, d'origine augustinienne, de la double nature de l'homme (dont l'âme est placée « entre le temps et l'éternité »), en distinguant un « je » « au-dessus de la distinction », correspondant à l'humanité increéée comme idéal dans la substance divine, et un « je » « selon le devenir temporel », c'est-à-dire la réalisation de l'humanité dans « cet homme » ici et maintenant :

mîn wesenlich wesen ist obe gote, alsô als wir got nemen begin der crêatûren; wan in dem wesene gotes, dâ got ist obe wesene und ob underscheide, dâ was ich selbe, und dâ wolte ich mich selben und bekante mich selben ze machenne disen menschen. Her umbe sô bin ich mîn selbes sache nâch mînem wesene, daz êwic ist, und niht nâch mînem gewerdenne, daz zîtlich ist. Her umbe sô bin ich geborn, und nâch mîner gebornen wîse sô bin ich sterblich. Nâch mîner ungebornen wîse sô bin ich êwiclîche gewesen und bin nû und sol êwiclîche blîben. Daz ich bin nâch gebornheit, daz sol sterben und ze nihte werden, wan ez ist zîtlich; her umbe sô muoz ez mit der zît verderben [2].

Diu grœste einunge, die Kristus besezzen hât mit dem vater, diu ist mir mügelich ze gewinnenne, ob ich künde abegelegen, daz dâ ist von disem oder von dem, und künde mich genemen menscheit [3].

mon être essentiel est au-dessus de Dieu en tant que nous saisissons Dieu comme principe des créatures. Dans ce même être de Dieu où Dieu est au-dessus de l'être et au-dessus de la distinction, j'étais moi-même, je me voulais moi-même, je me connaissais moi-même pour faire cet homme que je suis. C'est pourquoi je suis cause de moi-même selon mon être qui est

1. Eckhart, *Sermons*, trad. AH.-M., p. 384-385.
2. *Id.*, *Pr.* 108* [Q 52], DW II, p. 504.
3. *Id.*, *Pr.* 27* [Q 25], DW II, p. 13-14.

> éternel, et non pas selon mon devenir qui est temporel. C'est pourquoi je suis non-né et selon mon mode non-né, je ne puis jamais mourir. Selon mon mode non-né, j'ai été éternellement et je suis maintenant et je dois demeurer éternellement. Ce que je suis selon ma naissance doit mourir et être anéanti, car c'est mortel, c'est pourquoi cela doit se corrompre avec le temps[1].
>
> La plus grande union que le Christ a possédée avec le Père, il me serait [m'est] possible de l'acquérir si je pouvais me déprendre de ceci ou de cela et me saisir en tant qu'humanité[2].

L'être humain dans son individualité est donc la réalisation dans l'« ici » et dans le « maintenant » de la nature humaine telle qu'elle est saisie dans sa perfection idéale et éternelle en Dieu. Eckhart parle d'« apprendre », de « saisir », et utilise une terminologie qui appartient à la sphère sémantique de la connaissance et de la conscience. Mais il ne s'agit pas d'un simple acte intellectuel, cette perfection se référant à la fois à la sphère de l'intelligence et à la sphère de la volonté, de la liberté et de la moralité. Ce n'est donc pas par hasard qu'Eckhart, en parlant de l'assomption de l'humanité par le Christ, qualifie cette humanité comme liberté :

> *Daz êwige wort ennam niht an sich dísen menschen noch dén menschen, sunder ez nam an sich eine vrîe, ungeteilte menschlîche natûre*[3].
>
> Le Verbe éternel n'assuma pas cet homme-ci ni cet cet homme-là, mais il assuma une nature humaine libre, indivise[4].

La volonté, qui est à l'origine de l'erreur de la fausse autonomie et du glissement de la dimension éternelle à celle du temps et de la distinction, n'a pas, selon Eckhart, de connotation négative, ne présente pas les traits de la corruption et du péché ; il semble au contraire que la moralité originelle, qui se manifeste dans la spontanéité du comportement dicté par la « bonne intention et la volonté libre », soit ainsi conservée intacte :

> *Habe aleine eine rehte meinunge und einen vrîen willen*[5].
>
> *Der mensche, der eine rehte meinunge hât in allen sînen werken, der anvanc der meinunge ist got und daz werk der meinunge daz ist er selber*

1. Eckhart, *Sermons*, trad. AH.-M., p. 651.
2. *Ibid.*, p. 226.
3. *Eckhart, Pr.* 42* [Q 46], DW II, p. 379-380.
4. *Id.*, *Sermons*, trad. AH.-M., p. 298.
5. *Id.*, *Pr.* 46* [Q 29], DW I, p. 80-81.

> *und ist lûter götlîchiu natûre und endet sich in götlîcher natûre in im selber*[1].
> Aie seulement une intention droite et une volonté libre[2].
> L'homme qui, dans toutes ses œuvres, a une intention droite, chez celui-là le principe de son intention est Dieu, et l'aboutissement de cette intention est Dieu lui-même ; c'est la pure nature divine et son terme est dans la nature divine en lui-même[3].

S'abandonner à la volonté de Dieu signifie se rendre au flux de la vie qu'est Dieu lui-même et accomplir ce qui est moral « sans se demander pourquoi » (*sunder warumbe*)[4].

La liberté dont parle Eckhart est la pure auto-détermination. Dans ses sermons, il n'est fait mention ni du péché originel ni du mal radical. L'Incarnation les a irrévocablement effacés. La grâce est une atmosphère universelle qui imprègne de sa luminosité toute la création et l'action de l'homme parfait. La pratique de l'abandon et du détachement – assure Eckhart plusieurs fois – est apparemment difficile mais réellement praticable par toutes les personnes de bonne volonté. Ce qui est toutefois encore plus impressionnant, c'est surtout la confiance d'Eckhart dans la possibilité de fonder à partir de la « génération de Dieu dans l'âme » – élément constitutif de l'humanité de l'homme – une idée universelle de la noblesse et de la dignité de l'être humain, sans distinction de lignage, de sexe, de richesse et de fonction hiérarchique.

CONCLUSION

Eckhart savait que ses idées sur la vraie noblesse et la vraie liberté croisaient celles des hérétiques et des rebelles, et il en parle dans un sermon[5] : « Maintenant, certains hommes disent : Si je possède Dieu et l'amour de Dieu, alors je peux faire bien ce que je veux ».

1. Eckhart, *Pr.* 110* [Q 10], DW I, p. 164.
2. *Id.*, *Sermons*, trad. AH.-M., p. 315.
3. *Ibid.*, p. 662.
4. J. M. Connolly, *Living Without Why : Meister Eckhart's Critique of the Medieval Concept of Will*, Oxford-New York, Oxford University Press, 2014.
5. Eckhart, *Pr.* 46* [Q 29], DW II, p. 79.

Prendre l'amour de Dieu comme prétexte – observe Eckhart – à des comportements qui contredisent les règles de la morale n'est rien de plus qu'une mystification. En cela, il s'aligne sur la position traditionnelle dans la controverse antihérétique. Mais avec une différence essentielle : selon Eckhart – nous l'avons vu – le critère de la vraie morale n'est pas dicté de l'extérieur, en référence au magistère de la hiérarchie ecclésiastique, mais se trouve dans la rationalité et la spontanéité morale du sujet : il s'agit de raisonner, de regarder en soi-même pour trouver « une intention juste et une libre volonté » (*eine rehte meinunge und einen vrîen willen*)[1] et s'abandonner à une vie « sans pourquoi » (*sunder warumbe*)[2] gouvernée par un amour absolu et paritétique, envers Dieu et envers tout être humain, « sans distinction de rang et d'ordre »[3].

À cette position, qui constituait une délégitimation grave de la hiérarchie, la curie va réagir, accusant Eckhart d'autothéisme et d'antinomianisme[4], et de favoriser les dérives hérétiques au sein du peuple de Dieu. Pourtant, l'accent mis par le Pape Jean XXII sur les préoccupations pastorales dans la bulle de condamnation de 1329[5] ne doit pas tromper : l'enjeu était beaucoup plus important. Dans l'œuvre d'Eckhart émerge une nouvelle vision du christianisme, allant de pair avec une nouvelle stratégie culturelle visant à un renouveau général de l'Église et de la société.

Comme l'a justement reconnu Julie Casteigt[6], c'est un conflit entre deux principes hégémoniques qui sous-tend la position du Pape et celle d'Eckhart : le premier, « hiérarchique », était au fondement tant de l'ordre de l'ancienne société féodale que de celui de la nouvelle société marchande, tandis que le second, « anarchique » et égalitaire, trouvait son

1. Eckhart, *Pr.* 46* [Q 29], DW I, p. 80-81.

2. *Id.*, *Pr.* 50* [Q 5b], DW I, p. 90 ; *Pr.* 91* [Q 41], DW II, p. 289.

3. *Id.*, *In Ioh.* n. 728, LW III p. 638, 8-11. Article condamné par Jean XXII, *In agro dominico*, art. 25, LW V, p. 599 : « Vicesimusquintus articulus : Cum dicitur : Symon, "diligis me plus hiis ?, sensus est, id est, plus quam istos, et bene quidem, sed non perfecte. In primo enim et secundo et plus et minus et gradus est et ordo, in uno autem *nec gradus est nec ordo*. Qui igitur diligit deum plus quam proximum, bene quidem, sed nondum perfecte ».

4. R. E. Lerner, *The Heresy of the Free Spirit in the Middle Ages,* Notre Dame, University of Notre Dame Press, 2007, p. 183-186.

5. Voir Jean XXII, *In agro dominico*, LW V, p. 601 : « dogmatizavit multa fidem veram in cordibus multorum obnubilantia, que docuit quam maxime coram vulgo simplici in suis predicationibus, que etiam redegit in scriptis. »

6. J. Casteigt, « Aimer l'un dans l'autre ou un désordre amoureux condamné : une lecture de l'article 25 de la bulle pontificale "In agro dominico" », *in* D. Mieth *et al.* (eds.), *Meister Eckhart in Paris and Strasbourg*, Leuven, Peeters, 2017, p. 177-207, en part. p. 204-207.

expression dans la dignité d'une « grande noblesse » placée par Dieu en chaque être humain en tant que tel[1], et se présentait donc comme réfractaire à toute hiérarchie.

Or les questions que nous avons analysées nous offrent un point de vue privilégié sur quelques détails importants de la stratégie « anarchiste » d'Eckhart car, comme nous l'avons vu, le choix des questions posées marque toujours l'importance qu'elles revêtent pour son projet doctrinal. Mais, au-delà de cela, et de manière plus générale, on peut dire que dans ces questions se dévoilent assez clairement les grandes lignes d'une stratégie culturelle bien articulée, et d'une grande efficacité rhétorique. L'église, dans laquelle Eckhart parle, s'élargit à un théâtre du monde, et les acteurs de la grande mise en scène eckhartienne sont le public qui pose des questions en langue vernaculaire et le maître qui répond en raisonnant et en argumentant en langue vernaculaire également. Au sein du public, la conscience religieuse commune prend forme chaque fois, avec tous ses préjugés, ses contradictions et ses modes de pensée irréfléchis. Le maître, en bouleversant la perspective originale, l'analyse et la conduit à la transparence conceptuelle par l'usage de la raison.

Eckhart était bien conscient de sa mission d'enseignant. L'amour du prochain (*minnewerk*) consiste, nous dit-il[2], en deux choses : « enseigner et réconforter ceux qui en ont besoin » (*lêren und trœsten die dürftigen*). Ici, cela signifie parler de « grands et hauts sujets » (*von grôzen und hôhen dingen*) aux laïcs, sans crainte d'enfreindre les barrières de l'ordre social et religieux :

> On dira encore qu'il ne faut point enseigner par écrit ni oralement de telles vérités à des hommes qui ne sont pas instruits. À cela nous répondons que s'il n'est pas permis d'instruire ceux qui ne sont pas instruits, personne jamais ne sera instruit, et personne jamais n'apprendra à lire et à écrire[3].

1. Eckhart, *Pr.* 74* [Q 53], DW II, p. 528.

2. *Id.*, *Pr.* 16* [S 104], DW IV, p. 577-578.

3. *Id.*, *Traités*, trad. deL., p. 171 ; *Buch der göttlichen Tröstung*, DW V, p. 60-61 : « Ouch sol man sprechen, daz man sôgetâne lêre niht ensol sprechen noch schrîben ungelêrten. Dar zuo spriche ich : ensol man niht lêren ungelêrte liute, sô enwirt niemer nieman gelêret, sô enmac nieman lêren noch schrîben. Wan dar umbe lêret man die ungelêrten, daz sie werden von ungelêret gelêret. »

Le dialogue entre le public qui demande et l'enseignant qui répond met le pouvoir de la parole et l'usage de la rationalité au centre de la scène, selon une stratégie d'inclusion qui renonce à la terreur de l'épée et du bûcher. Henri Suso, élève d'Eckhart, adoptera lui aussi cette stratégie dans la discussion avec le « Sauvage » dans le *Livre de la vérité*, et sa discussion prendra également la forme de « questions » et de « réponses ».

BIBLIOGRAPHIE

Sources

Maître Eckhart

Éditions

Predigten, Traktate, éd. F. Pfeiffer, Leipzig, Göschen, 1857; réimpr. Aalen, Scientia Verlag, 1962.

Die deutschen Werke, éd. J. Quint, G. Steer, Stuttgart, Kohlhammer, 1936 *sq*.

Die lateinischen Werke, éd. E. Benz, K. Christ, B. Decker, H. Fischer, B. Geyer, J. Koch, E. Seeberg, L. Sturlese, K. Weiß, A. Zimmermann, Stuttgart, Kohlhammer, 1936 *sq*.

Acta Echardiana, éd. L. Sturlese, Stuttgart, Kohlhammer, 2006, LW V.

Traductions en allemand

Eckhart, Werke, Texte und Übersetzung J. Quint, hrsg. und kommentiert von N. Largier, Bde I-II, Frankfurt a. M., Deutscher Klassiker Verlag, 1993.

Lectura Eckhardi. Predigten Meister Eckharts von Fachgelehrten gelesen und gedeutet, hrsg. von G. Steer und L. Sturlese, Bde I-IV, Stuttgart, Kohlhammer, 1998-2017.

Traductions en français

Le commentaire de l'Évangile selon Jean. Le Prologue, avant-propos, trad. et notes A. de Libera, É.-H. Wéber, É. Zum Brunn, Paris, Cerf, 1989.

L'œuvre des Sermons. Erfurt-Paris-Strasbourg-Cologne, trad., introd. et notes J. Devriendt, préface M.-A. Vannier, Paris, Cerf, 2010.

Le Silence et le Verbe, Sermons 87-105, présentation et trad. É. Mangin, Paris, Seuil, 2012.

Les sermons, trad. et présentation G. Jarczyk et P.-J. Labarrière, Paris, Albin Michel, 2009 (Sermons 1-90 de l'éd. DW Quint).

Les traités et le Poème, trad., présentation et notes G. Jarczyk et P.-J. Labarrière, Paris, Albin Michel, 2011.

Maître Eckhart à Paris. Une critique médiévale de l'ontothéologie. Les Questions parisiennes n° 1 et n° 2 d'Eckhart, études, textes et trad. E. Zum Brunn, Z. Kaluza, A. de Libera, P. Vignaux, É.-H. Wéber, Paris, P.U.F., 1984.

Sermons, traités, poème. Les écrits allemands, trad. J. Ancelet-Hustache et É. Mangin, introd. et notes É. Mangin, Paris, Seuil, 2015.

Sur l'humilité [1988], trad. et présentation A. de Libera, Paris, Arfuyen, 2005.

Traités et sermons, trad., introd., notes et index A. de Libera, Paris, Flammarion 1995 (3e éd.).

Traductions en italien

Le 64 Prediche sul tempo liturgico, éd. L. Sturlese, Milano, Bompiani, 2014.

Autres auteurs

ALBERT LE GRAND, *De anima*, éd. C. Stroick, « Opera omnia » 7/1, Münster i. W., Aschendorff, 1968.

– *De natura et origine animae,* éd. B. Geyer, « Opera omnia » 12, Münster i. W., Aschendorff, 1955.

ANONYME, *Das Geistbuch. Ein Traktat zur Vollkommenheit aus dem Umkreis Meister Eckharts*, éd. D. Gottschall, « Studies in the History of Christian Traditions » 160, Leiden, Brill, 2011.

AUGUSTIN, *Confessiones*, éd. L. Verheijen, « Corpus Christianorum. Series Latina » 27, Turnhout, Brepols, 1990.

– *De Genesi contra Manichaeos*, éd. D. Weber, « Corpus Scriptorum Ecclesiasticorum Latinorum » 91, Wien, Österreichische Akademie der Wissenschaften, 1998.

– *De vera religione*, éd. K.-D. Daur, « Corpus Christianorum. Series Latina » 32, Turnhout, Brepols, 1957.

AVERROES LATINUS, *Commentarium magnum in Aristotelis De anima libros*, éd. F. S. Crawford, Cambridge (Mass.), The Mediaeval Academy of America, 1953.

DENYS L'ARÉOPAGITE, *De divinis nominibus*, Patrologia Graeca, t. 3 ; trad. lat. *in* Ph. Chevallier (éd.), *Dionysiaca. Recueil donnant l'ensemble des traductions latines des ouvrages attribués au Denys de l'Aréopage*, Bruges, de Brouwer, 1937.

DIETRICH DE FREIBERG, *De intellectu et intelligibili*, in *Opera omnia*, t. I, éd. B. Mojsisch, Hamburg, Meiner, 1977.

JEAN ERIGÈNE, *Periphyseon. De divisione naturae*, t. I, éd. É. Jeaunau, « Corpus Christianorum. Continuatio Mediaevalis » 161, Turnhout, Brepols, 1996.

PROCLUS, *Commentaire sur le Parménide de Platon. Traduction de Guillaume de Moerbeke*, éd. C. Steel, « Ancient and Medieval Philosophy » 4, Leuven, University Press, 1985.

– *Elementatio theologica translata a Guillelmo de Morbecca*, éd. H. Boese, « Ancient and Medieval Philosophy » 5, Leuven, University Press, 1987.
– *Trois études sur la providence*, texte établi et trad. fr. D. Isaac, Paris, Les Belles Lettres, 1979.
THOMAS D'AQUIN, *Quaestiones disputatae de veritate*, ed. Leonina, t. 22/1-2, Romae, Ad sanctae Sabinae, 1970-1972.
– *Scriptum super Sententis,* t. 3, éd. M.-F. Moos, Paris, Lethielleux, 1933.
– *Scriptum super IV librum Sententiarum*, ed. Piana, t. 7/2, Romae, ap. I. Accoltum, 1570.
– *Sentencia libri De anima*, ed. Leonina, t. 45/1, Roma, Commissio Leonina, 1984.
– *Summa theologiae*, Alba-Roma, Edizioni Paoline, 1962.

ÉTUDES

AERTSEN, J. A., « Ontology and Henology in Medieval Philosophy (Thomas Aquinas, Master Eckhart and Berthold of Moosburg) », *in* E. P. Bos, P. A. Meijer (eds.), *On Proclus and his Influence in Medieval Philosophy*, Leiden, Brill, 1992
BECCARISI, A., *Eckhart,* « Pensatori » 27, Roma, Carocci, 2012.
– « Dietrich in the Netherlands. A new document in the lower rhenish vernacular », *in* J. Biard, D. Calma, R. Imbach (éd.), *Recherches sur Dietrich de Freiberg*, Turnhout, Brepols, 2009, p. 221-237.
– « Philosophische Neologismen zwischen Latein und Volkssprache : "istic" und "isticheit" bei Meister Eckhart », *Recherches de Philosophie et de Théologie Médiévales* 70, 2003, p. 97-126.
– « Zwischen Averroes, Avicenna und Avicebron. Meister Eckhart und die Noetik im Islam und Judentum », *Meister-Eckhart-Jahrbuch* 10, 2016, p. 223-240.
BRAY, N., *La tradizione filosofica stoica nel Medioevo. Un approccio dossografico*, Roma, Edizioni di storia e letteratura, 2018.
– « *Auctoritates* bibliche e *quaestiones* dottrinali nell'*Opus tripartitum* di Eckhart e nella *Summa theologiae* di Tommaso d'Aquino », *in* A. Beccarisi, R. Imbach, P. Porro (Hrsg.), *Per perscrutationem philosophicam. Neue Perspektiven der mittelalterlichen Forschung Loris Sturlese zum 60. Geburtstag gewidmet*, Hamburg, Meiner, 2008, p. 156-183
CASTEIGT, J., « Aimer l'un dans l'autre ou un désordre amoureux condamné : une lecture de l'article 25 de la bulle pontificale "In agro dominico" », *in* D. Mieth *et al.* (eds.), *Meister Eckhart in Paris and Strasbourg*, Leuven, Peeters, 2017, p. 177-207.
CONNOLLY, J. M., *Living Without Why : Meister Eckhart's Critique of the Medieval Concept of Will*, Oxford-New York, Oxford University Press, 2014.
DENZINGER, H. et SCHÖNMETZER, A., *Enchiridion symbolorum definitionum et declarationum de rebus fidei et morum*, Freiburg, Herder, 1976 (36e éd.).

DIEFENBACH, L., *Glossarium Latino-Germanicum Mediae et Infimae Aetatis, e codicibus manuscriptis et libris impressis*, Francofurti ad Moenum, Baer, 1857.

FAES DE MOTTONI, B., *Figure e motivi della contemplazione nelle teologie medievali*, Firenze, SISMEL, 2007.

– « Il ms. Douai, Bibliothèque municipale 434/I e le questioni n. 230 e 260 "de raptu" », *in* S. Caroti *et al.* (eds.), *Ad ingenii acuitionem. Studies in honour of Alfonso Maierù*, Louvain-la-Neuve, FIDEM, 2006, p. 103-126.

– « Mosè e Paolo figure della contemplazione e del rapimento nelle teologie del secolo XIII », *Mélanges de l'École française de Rome. Moyen Âge* 117, 2005, p. 83-113.

FLASCH, K., *Das philosophische Denken im Mittelalter*, Stuttgart, Reclam, 1986.

– *Meister Eckhart. Philosoph des Christentums*, München, Beck, 2010 ; trad. fr. C. König-Pralong, *Maître Eckhart. Philosophe du Christianisme,* Paris, Vrin, 2011.

– « Procedere ut imago. Das Hervorgehen des Intellekts aus seinem göttlichen Grund bei Meister Dietrich, Meister Eckhart und Berthold von Moosburg », *in* K. Ruh (Hrsg.), *Abendländische Mystik im Mittelalter. Symposion Kloster Engelberg 1984*, Stuttgart, Metzler, 1986, p. 125-134.

GREGORY, T., *Mundana sapientia. Forme di conoscenza nella cultura medievale*, Roma, Edizioni di storia e letteratura, 1992.

GUERIZOLI, R., *Die Verinnerlichung des Göttlichen. Eine Studie über den Gottesgeburtszyklus und die Armutspredigt Meister Eckharts,* « Studien und Texte zur Geistesgeschichte des Mittelalters » 88, Leiden, Brill, 2006.

HAAS, A. M., *Meister Eckharts geistliches Predigtprogramm*, in *Geistliches Mittelalter*, Freiburg, Universitätsverlag, 1984, p. 317-338.

HASEBRINK, B., « Die Anthropologie der Abgeschiedenheit. Urbane Ortlosigkeit bei Meister Eckhart », *Meister-Eckhart-Jahrbuch,* 7, 2013, p. 139-154.

IMBACH, R., *Dante, la philosophie et les laïcs : initiations à la philosophie médiévale,* « Vestigia » 21, Fribourg, Éditions Universitaires, 1996.

– *Laien in der Philosophie des Mittelalters : Hinweise und Anregungen zu einem vernachlässigten Thema*, Amsterdam, Grüner, 1989.

— et KÖNIG-PRALONG, C., *Le défi laïque*, Paris, Vrin, 2013.

JUNG, C., « Luther und die Intellekttrichotomie in Meister Eckharts Predigt 104 », *Meister-Eckhart-Jahrbuch* 13, 2019, 43-68.

KLIBANSKY (R.), « Plato's Parmenides in the Middle Ages and the Renaissance », *Medieval and Renaissance Studies* 1, 1943, p. 287-288.

LANGER, O., « Seelengrund. Meister Eckharts mystische Interpretation der aristotelisch-thomasischen Lehre von der Seele », *in* W. Erb, N. Fischer (Hrsg.), *Meister Eckhart als Denker*, Stuttgart, Kohlhammer, 2017, p. 73-104.

LEPPIN, V., *Die fremde Reformation. Luthers mystische Wurzeln*, München, Beck, 2016.

LERNER, R. E., *The Heresy of the Free Spirit in the Middle Ages,* Notre Dame, University of Notre Dame Press, 2007.

LEXER, M., *Mittelhochdeutsches Handwörterbuch*, 3 t., Leipzig, Hirzel, 1872-1878, en ligne, http://woerterbuchnetz.de/cgi-bin/WBNetz/wbgui_py?sigle=Lexer, s. v.

LIBERA, A. de, « Mystique et philosophie : Maître Eckhart », *in* É. Zum Brunn (éd.), *Voici Maître Eckhart. Textes et études*, Grenoble, Jérôme Millon, 1994, p. 319-340.

MCGINN, B., *The Mystical Thought of Meister Eckhart. The Man from Whom God Hid Nothing*, New York, Crossroad, 2001.

MIETH, D., *Meister Eckhart*, München, Beck, 2014.

MOJSISCH, B., « Perfectiones spirituales – Meister Eckharts Theorie der geistigen Vollkommenheiten. Mit possibilitätsphilosophischen Reflexionen », *in* M. Pickavé (Hrsg.), *Die Logik der Transzendentalen. Festschrift für Jan A. Aertsen zum 65. Geburtstag,* « Miscellanea Medievalia » 30, Berlin-New York, De Gruyter, 2003, p. 511-534.

MÖSCH, C. F., « *Daz disiu Geburt geschehe* ». *Meister Eckharts Predigtzyklus Von der êwigen geburt und Johannes Taulers Predigten zum Weihnachtsfestkreis*, Fribourg, Academic Press, 2006.

PALAZZO, A., « "Sub metaphora mulieris adulterae" : la materia e la forma in Meister Eckhart », *in* A. Palazzo (ed.), *Il desiderio nel Medioevo*, Roma, Edizioni di storia e letteratura, 2014, p. 75-95.

REFFKE, E., « Studien zum Problem der Entwicklung Meister Eckharts im Opus tripartitum », *Zeitschrift für Kirchengeschichte* 57, 1938, p. 19-95.

RETUCCI, F., « "Her ûf sprichet ein heidenischer meister in dem buoche, daz dâ heizet daz lieht der liehte" : Eckhart, il *Liber de causis* e Proclo », *in* L. Sturlese (ed.), *Studi sulle fonti di Meister Eckhart*, t. I, Fribourg, Academic Press Fribourg, 2008, p. 135-166.

RICHARDSON, R. J., *Meister Eckhart's Parisian Question of « Whether the omnipotence of God should be considered as* potentia ordinata *or* potentia absoluta? », thèse de doctorat, King's College London, 2017.

RUBINO, E., « Dâ von sprichet der liehte Dionysius : Eckhart e Dionigi Areopagita », *in* L. Sturlese (ed.), *Studi sulle fonti di Meister Eckhart*, t. I, Fribourg, Academic Press Fribourg, 2008, p. 113-134.

SENNER, W., « Meister Eckhart's Life, Training, Career, and Trial », *in* J. Hackett (ed.), *A Companion to Meister Eckhart*, Leiden-Boston, Brill, 2013, p. 7-84.

STEER, G., « Die Schriften Meister Eckharts in den Handschriften des Mittelalters », *in* H.-J. Schiewer, K. Stackmann (Hrsg.), *Die Präsenz des Mittelalters in seinen Handschriften*, Tübingen, Niemeyer, 2002, p. 209-302.

– « Meister Eckhart und Martin Luther », *in* W. Erb, N. Fischer (Hrsg.), *Meister Eckhart als Denker,* « Meister-Eckhart-Jahrbuch », Beiheft 4, Stuttgart, Kohlhammer, 2017, p. 345-365.

– « Meister Eckharts Predigtzyklus *von der êwigen geburt*. Mutmaßungen über die Zeit seiner Entstehung », *in* W. Haug, W. Schneider-Lastin (Hrsg.), *Deutsche Mystik im abendländischen Zusammenhang*, Tübingen, Niemeyer, 2000, p. 253-281.

– « Zum Begriff “Laie” in deutscher Dichtung und Prosa des Mittelalters », *in* L. Grenzmann, K. Stackmann (Hrsg.), *Literatur und Laienbildung im Spätmittelalter und in der Reformationszeit : Symposion Wolfenbüttel 1981*, Stuttgart, Metzler, 1984, p. 764-768.

— et Vogl, H., « Die *bürgelin*-Predigt Meister Eckharts. Mutmaßungen zur Entstehung der Predigt und ihrer Beziehung zu Nikolaus von Kues. Neue textgeschichtliche Ausgabe der Predigt und der lateinischen Übersetzung der Koblenzer Handschrift », *Meister-Eckhart-Jahrbuch* 4, 2010, p. 139-253.

Sturlese, L., *Eckhart, Tauler, Suso. Filosofi e mistici nella Germania medievale*, « Giornale Critico della Filosofia Italiana », Quaderni 16, Firenze, Le Lettere, 2010.

– *Storia della filosofia tedesca nel Medioevo. Il secolo* XIII, Firenze, Olschki, 1996.

– *Vernunft und Glück. Die Lehre vom « intellectus adeptus » und die mentale Glückseligkeit bei Albert dem Großen*, « Lectio Albertina » 7, Münster, Aschendorff, 2005.

– « Alle origini della mistica speculativa tedesca. Antichi testi su Teodorico di Freiberg », *Medioevo* 3, 1977, p. 48-87.

– « Hat Meister Eckhart Dietrich von Freiberg gelesen? Die Lehre vom Bild und von den göttlichen Vollkommenheiten in Eckharts Expositio libri Genesis und Dietrich De visione beatifica », *in* J. Biard, D. Calma, R. Imbach (éd.), *Recherches sur Dietrich de Freiberg*, Turnhout, Brepols, 2009, p. 11-37.

– « La dottrina delle perfezioni divine di Eckhart nell'interpretazione di Giordano di Quedlinburg », *in* T. Iremadze (ed.), *Philosophy in Global Change. Jubilee Volume Dedicated to the 65th Anniversary of Burkhard Mojsisch*, Tblisi, Nekeri, 2011, p. 180-191.

– « Les Eckhartiens de Cologne », *in* É. Zum Brunn (éd.), *Voici Maître Eckhart*, Grenoble, Millon, 1994, p. 355-371.

– « Observations sur la prédication d'Eckhart. Le rôle des prédications dans l'ensemble de l'œuvre d'Eckhart, avec quelques réflexions sur la *locutio emphatica* », *Revue des sciences philosophiques et théologiques* 98, 2014, p. 443-455.

– « “Ut supra dictum est” – “Als ich ouch mê gesprochen hân”. Zur Frage nach dem internen Gedächtnis in Eckharts lateinischem und deutschem Werk », *Bulletin de Philosophie Médiévale* 59, 2017, p. 91-108.

— et Rubino, E., *Bibliotheca Eckhardiana Manuscripta. Studien zu den lateinischen Handschriften der Werke Meister Eckharts*, t. I, Stuttgart, Kohlhammer, 2012.

Vinzent, M., « Questions on the attributes (of God). Four rediscovered *Parisian Questions* of Meister Eckhart », *The Journal of Theological Studies*, NS, 63, 2012, p. 156-186.

WILDE, M., *Das neue Bild vom Gottesbild. Bild und Theologie bei Meister Eckhart*, Freiburg (Schw.), Universitätsverlag, 2000.

WINKLER, N., *Von der wirkenden und möglichen Vernunft. Philosophie in der volkssprachigen Predigt nach Meister Eckhart*, Berlin, Akademie Verlag, 2013.

WITTE, K.-H., « Von Straßburg nach Köln. Die Entwicklung der Gottesgeburtslehre Eckharts in den Kölner Predigten », *Meister-Eckhart-Jahrbuch* 2, 2008, p. 65-94.

INDEX NOMINUM

TABLE DES MATIÈRES

Achevé d'imprimer en mars 2022
sur les presses de
La Manufacture - Imprimeur – 52200 Langres
Tél. : (33) 325 845 892

N° imprimeur : 220280 - Dépôt légal : avril 2022
Imprimé en France